MIL VECES MÁS

LA FE PARA ROMPER TUS LÍMITES Y ALCANZAR TU DESTINO

YADER SIMPSON

Letras en negritas son énfasis del autor.

MIL VECES MÁS

La fe para romper tus límites y alcanzar tu destino

Edición: Henry Tejada Portales

ISBN: 979-8-88769-620-1
eBook ISBN: 979-8-88769-621-8
Impreso en los Estados Unidos de América

Whitaker House
1030 Hunt Valley Circle
New Kensington, PA 15068
www.espanolwh.com

1 2 3 4 5 6 7 8 9 10 11 ꟺ 33 32 31 30 29 28 27 26

DEUTERONOMIO 1:11

¡Jehová Dios de vuestros padres os haga mil veces más de lo que ahora sois, y os bendiga, como os ha prometido!

DEDICATORIA

Dedico este libro a un hombre que viajó de Cuba a Nicaragua con veinte dólares en el bolsillo. Allí llegó a ser diputado de la Asamblea Nacional del país. Su admirable historia vive conmigo todos los días, y me recuerda que con Dios todos podemos ser "Mil veces más". Ese hombre fue Winston Simpson (1934–2018), mi amado padre, que en paz descansa.

Yader Emanuel Simpson
(Pastor YES)

ÍNDICE

AGRADECIMIENTOS

Agradezco a mi Señor y Salvador Jesucristo, por cuya gracia soy lo que soy. Por haberme tenido la confianza y la enorme paciencia en todo el proceso de formación, que aún no acaba. Su sabiduría y revelación en mi vida hacen posible esta obra.

Además, quiero dar las gracias a mis padres, Winston y Gladis Simpson, y a mis preciosos hermanos de sangre, que son nueve. En especial a mi hermana Gladys y su amado esposo Allan, quienes siempre me desafían con sus consejos a ser "Mil veces más".

A toda la hermosa congregación de JTP Kendall, por su apoyo incondicional por más de treinta años. A mi equipo pastoral, al liderazgo, los mentores de JTP Kendall y al equipo de mi oficina. Gracias por recordarme todos los días que nadie alcanza cosas importantes si primero no tiene un equipo de primera línea.

A mis líderes espirituales, Apóstol Óscar y Stella Agüero, por su invaluable guía en todos estos 35 años, y por ser quienes me han inspirado a creer que "Mil veces más" está a un paso de fe de distancia.

A mis amigos Sergio y Carla Hornung, quienes un día me dijeron "Mil veces más es posible, porque nosotros lo estamos viviendo". Gracias por inspirarme con su ejemplo.

Pero, principalmente, doy gracias a mi esposa Noemí Simpson, mi dulce y sabia compañera. La Miss Universo de mi corazón, quien llegó a mi vida no a completarla, sino a hacerla "Mil veces más" y mejor. Ella es quien ha estado conmigo paso a paso durante esta jornada; y su amor, comprensión y sabiduría me ayudaron a acomodar mis ideas y escribirlas. Y, por supuesto, a mis hijos, Yader, Winston y mi nuera Alondra, ellos son mi inspiración cada mañana. Gracias por su apoyo, sacrificio y comprensión. Nunca olvidaré que lo más importante de mi vida en esta tierra, lo tengo en casa.

PRÓLOGO

La intención de Dios era clara: conducir a su pueblo hacia una tierra donde experimentarían abundancia y bendición, permitiéndoles ser "Mil veces más" de lo que eran en Egipto. Sin embargo, este camino hacia la tierra prometida no solo era físico, sino también espiritual. El hecho es que nuestra vida espiritual no puede avanzar más allá de la luz que tenemos. Porque así como nuestros pensamientos marcan la calidad de nuestra vida, los pensamientos de Dios marcan la calidad de nuestra vida cristiana.

Oramos según la luz que hemos recibido. Nuestra visión espiritual depende de la luz que poseemos. Cuanta más luz haya en nuestra vida, más Cristo será forjado en nosotros. Con poca luz, menos Cristo será forjado. Si no hay luz, no hay renovación; si no hay luz, no hay crecimiento; si no hay luz, no hay transformación. Es por eso que lo que debió llevarles solo unos pocos días, el pueblo judío tardó cuarenta años en conquistar. ¿Qué significa esto? Que cuanto más rápido te rindas, y cuanto más rápido mueras a ti mismo, más rápido Cristo será forjado en ti.

Hoy, las promesas de Dios —como bien dice Yader Simpson— no se limitan a un pueblo, sino que están disponibles para cada uno de sus hijos. Hoy sus riquezas en gloria están disponibles para todos, y en su Casa hay abundancia de ellas. Somos herederos de las riquezas de Cristo, que son inagotables e inescrutables, no tienen altura ni anchura, no se pueden medir. Y esas riquezas no son solo para nosotros, también las recibirán nuestros hijos, nuestros padres, nuestros compañeros de trabajo. Y es que el Hijo es inagotable. Él es riqueza, es grande, es maravilloso, y está lleno de piedras preciosas, y está dispuesto a dártelas a ti y a todos lo que anhelan vivir en Él y por Él.

En este libro encontrarás herramientas de cómo producir "Mil veces más" todo lo que necesitas, y todo esto lo encontrarás en Cristo. Él prometió: "Al que me busca a Mí y a Mi Reino, yo le voy a dar todas las cosas". ¿Por qué? Porque si yo le doy mi corazón, Él lo toma, lo ensancha, se mete en él, y en Cristo están absolutamente todas las cosas. Su nombre es sinónimo de aumento, creación, forjamiento, multiplicación, provisión, gracia, intimidad, oración, experiencia. Por eso, cuando te rindes a Él, cuando tu espíritu se abre a Su luz, entonces Dios comienza a verte como un hijo maduro, listo para administrar sus riquezas. Porque no se trata de ser rico o de ser pobre, sino de a quién adoramos por dentro.

Toda experiencia con Cristo significa un aumento de Su vida en nosotros y el comienzo del disfrute de Su vida. La vida cristiana no es aburrimiento ni obligación, sino una fiesta a la que todos estamos invitados. Querido lector, hay una fiesta esperándote; entra tranquilo, porque allí está el Señor, y Él ya se encargó de pagar todo en la cruz. Este libro traerá luz y bendición, disfruta su lectura.

Bernardo Stamateas

INTRODUCCIÓN: LA TIERRA PROMETIDA

Pero los que esperan en
Dios recibirán la tierra prometida.
(Salmos 37:9, TLA)

Dios es un padre amoroso, y desde el principio de la creación mostró siempre querer lo mejor para Sus hijos. Y al igual que un padre terrenal, le duele vernos pasar situaciones dolorosas, y Su intención es una sola: ayudarnos. Esa es Su naturaleza.

Uno de mis pasatiempos favoritos es publicar frases inspiracionales en las redes sociales. Y posiblemente la frase que más disfruto es la que reza así: "Después de un desierto, siempre se encuentra una tierra prometida". Lo que esta frase pretende es ayudar al lector a no desmayar cuándo esté atravesando un momento difícil, porque después de ese momento siempre viene una buena temporada. Y la verdad es que es así. Dios siempre tiene algo mejor para aquellos que no "tiran la toalla" durante sus procesos. Sin embargo, cuando vemos el nacimiento de la historia detrás de la frase, esta cobra un sentido muy interesante. La Biblia nos habla de lo que ocurrió con el pueblo judío, después de haber sido esclavos en Egipto por más de cuatrocientos años.

Moisés era un caudillo que fue enviado por Dios con un mensaje esperanzador en medio de un terrible sufrimiento de los israelitas. Esto fue a causa de la esclavitud a la que estaban siendo sometidos bajo el dominio de Faraón. La historia cuenta que después de que fallaran todas las negociaciones diplomáticas, la mano divina produjo diez plagas que sacudieron todos los fundamentos de aquel imperio, y fue entonces que el gobierno egipcio decide dejarlos salir.

Una vez fuera de Egipto, empezaron la travesía hacia aquella tierra que Dios había prometido hacía muchos años.

El asunto es que había varias formas de llegar allá: estaba "el camino corto" y "el camino largo". La Biblia dice que no utilizaron el corto:

> *Cuando el faraón dejó salir a los israelitas, Dios no los llevó por el camino que atraviesa la tierra de los filisteos,* ***que era el más corto****, pues pensó: «Si se les presentara batalla, podrían cambiar de idea y regresar a Egipto».*
>
> (Éxodo 13:17, NVI)

Fue Dios quien eligió llevarlos por el camino largo, les tomó casi cuarenta y un años llegar por aquella ruta hacia su destino llamado "Tierra Prometida". La elección fue hecha así porque la idea no era solamente meterlos a la Tierra Prometida, sino transformarlos antes de llegar allí. De esa manera no tendrían que repetir la historia que los llevó a ser esclavos por más de cuatrocientos años bajo el dominio del gobernador de aquel territorio llamado Faraón. Dios los llevó por el camino que los condujo a través de un desierto grande y espantoso (ver Deuteronomio 8:14-15) y fue hasta después de cuatro décadas que por fin llegaron a su destino. Lo curioso de todo esto es que, según el libro de Deuteronomio, estaban a solamente once días de camino (ver Deuteronomio 1:2). Pero a ellos les tomó más de cuarenta años. Y lo más triste es que la mayoría de ellos nunca llegaron a entrar.

Y es en este punto donde se centra este libro que usted, amado lector, tiene en sus manos. ¿Cómo es que algo que está "cerca" puede nunca ser alcanzado? ¿Cómo pueden convertirse once días en más de cuarenta años? ¿Cómo es que hay promesas que hace el mismo Dios y a veces nunca llegan a cumplirse?

Estas personas habían pasado más de cuatrocientos años agobiados por un régimen opresor en Egipto, trabajando y viviendo como esclavos. Y ahora que han sido liberados por el liderazgo de Moisés, se dirigen a una tierra "buena, amplia, en la que fluye leche y miel" (ver Éxodo 3:8). Por primera vez en tanto tiempo, aquellas familias iban a ser propietarios de una tierra que les ayudaría a desarrollarse como nación, juntamente con todo lo que eso representaba: su propio territorio, bandera, cultura, productos, idioma, etc. En otras palabras, iban a recuperar no solamente su identidad, sino también la posición en la que originalmente Dios quiso que Sus hijos vivieran aquí en la tierra. Era mucho más que una jornada para salir de una ubicación geográfica para llegar a otra. Además de eso, representaba el cumplimiento de las promesas de prosperidad material, abundancia de bienes, no más escasez, y un sinnúmero de beneficios adicionales. La Biblia lo describe así:

> *Porque Jehová tu Dios te introduce en la buena tierra, tierra de arroyos, de aguas, de fuentes y de manantiales, que brotan en vegas y montes; tierra de trigo y cebada, de vides, higueras y granados; tierra de olivos, de aceite y de miel; tierra en la cual no comerás el pan con escasez, ni te faltará nada en ella; tierra cuyas piedras son hierro, y de cuyos montes sacarás cobre. Y comerás y te saciarás, y bendecirás a Jehová tu Dios por la buena tierra que te habrá dado.*
>
> (Deuteronomio 8:7-10)

Todas las promesas hechas por Dios a Su pueblo apuntaban al mismo objetivo: el Señor quiere que a Sus hijos les vaya bien. Y lo interesante es que lo que se les estaba planteando a ellos, conecta perfectamente con el deseo intrínseco con el que todos nacemos. A todos nos gusta que nos vaya bien. Todos pretendemos un mejor futuro para nuestras familias. Aspiramos un estilo de vida en el que el sacrificio nos retorne buenas recompensas. Y Dios les está haciendo saber a ellos, al igual que a nosotros, que todo eso es posible en la Tierra Prometida.

Y es aquí donde necesitamos reflexionar en algo de suma importancia: ¿Se necesita estar en cierto territorio para lograr todas estas cosas? ¿Se trata de una posición geográfica? Y de ser así: ¿Por qué no nos hizo Dios a todos nacer en esa tierra? ¿Por qué entonces nos mandó a nacer tan lejos de allá?

La respuesta es más que obvia, no hace falta estar en un país específico para que las cosas salgan de cierta manera. Es cierto que el Creador tiene un amor especial por la nación judía, y en la Biblia hay muchas cosas que se aplican directamente a ellos; sin embargo, ni Dios ni Sus promesas se limitan a un territorio en particular o alguna nación especifica. La Biblia enseña que el Señor es Rey en toda la tierra (ver Salmos 47:7). Su poder es el mismo en cualquier territorio, o nación, y Su amor es igual para todos Sus hijos. Dios no discrimina, ni hace diferencia entre un ser humano y otro. La Biblia lo dice así:

> *Porque Jehová vuestro Dios es Dios de dioses y Señor de señores, Dios grande, poderoso y temible, que no hace acepción de personas.* (Deuteronomio 10:17)

A TODOS NOS ESPERA UNA TIERRA PROMETIDA

Todo esto significa que al igual que Dios quiso sacar de cierta condición a los judíos para bendecirles y hacerles bien, también lo quiere hacer con nosotros. Hay una tierra prometida esperando a cada uno de los hijos de Dios. Para algunos de nosotros esa tierra puede representar la salvación de un matrimonio, para otros la sanidad de un cuerpo, y aun para otros la prosperidad financiera. Independientemente de lo que signifique para usted, lo cierto es que ese destino es alcanzable. Dios ha prometido que Su misma presencia va a acompañarnos hasta que veamos todo cumplido. Leamos:

> *He aquí, yo estoy contigo, y te guardaré por dondequiera que fueres, y volveré a traerte a esta tierra; porque no te dejaré hasta que haya hecho lo que te he dicho.*
>
> (Génesis 28:15)

Amado lector, te animo a leer cada página de este libro con la fe en que Dios quiere llevarte a nuevos y mejores niveles. Al igual que nosotros como padres deseamos lo mejor para nuestros hijos, el Padre que está en los cielos quiere ayudarnos a alcanzar grandes sueños y poderosos testimonios. Su poder es infinitamente ilimitado, y Su bondad se extiende desde un extremo del cielo hasta el otro. No hay por qué permitir que experiencias pasadas nos estén privando de lo mejor de Dios.

No sé cuánto tiempo usted lleva esperando el milagro, pero con toda seguridad le puedo decir que no es casualidad que esta obra esté en sus manos. Tómelo como una señal de Dios para su vida y empiece hoy mismo la jornada hacia su propia tierra prometida. También usted puede llevar a su familia a ser "Mil veces más" de lo que ahora es. Y una vez más me viene a la mente la vieja pregunta que hacían mis abuelos:

¿POR QUÉ CONFORMARSE CON MENOS?

1

MIL VECES MÁS

"Si no haces del crecimiento tu responsabilidad,
nunca sucederá".
John Maxwell

Nací en el año 1968. Empecé a ir a la escuela en el año 1970, y un par de años más tarde, los números empezaron a tener sentido para mí. Sumar o restar pequeñas cantidades no era inconveniente. Y todavía me recuerdo cuando empecé a memorizar las tablas de multiplicar. Para esos tiempos, y específicamente en la cultura donde yo crecí, el concepto de los números era muy distinto al de la época actual. Cuando se decía la palabra "mil", estábamos hablando de algo extremadamente grande. Los salarios de las personas, el costo de los vehículos y aun el precio de la casa promedio no era tan alto. De hecho, cuando se decía que alguien era millonario, eso significaba que la persona gozaba de todo el poder financiero para vivir con todos los lujos posibles.

Este libro lo escribo en el año 2025, y hoy día, aunque los dígitos son los mismos, el concepto es muy diferente. En este tiempo se escucha hablar de trillones de dólares. En la actualidad no es raro oír que una persona es trillonaria. Ahora bien, si en medio siglo de historia el concepto de las cifras es tan distinto, ¿te imaginas lo que significa cuatro mil años de diferencia? Si en mis tiempos decir la palabra "mil" significaba mucho, en los tiempos bíblicos significaba aún muchísimo más. Es así, amado lector, que hace aproximadamente cuatro mil años atrás, en los días que Israel andaba caminando en un desierto rumbo a la Tierra Prometida, fue que se escuchó está palabra y que se refería específicamente a una promesa de lo que Dios quería hacer:

> *Jehová vuestro Dios os ha multiplicado, y he aquí hoy vosotros sois como las estrellas del cielo en multitud. ¡Jehová Dios de vuestros padres os haga* ***mil veces más*** *de lo que ahora sois, y os bendiga, como os ha prometido!* (Deuteronomio 1:10-11)

De esta promesa es de donde proviene el título de este libro que estás está leyendo. La promesa llega en labios del patriarca Moisés, quien está entregando uno de sus últimos discursos al pueblo de Israel, porque su muerte estaba ya muy cerca. Ya habían caminado más de cuarenta años por el desierto, y ahora están a unos días de cruzar el río Jordán y por fin llegar a la Tierra Prometida. Las expectativas de aquellas personas eran muy altas, porque ellos venían de ser esclavos y no tener nada por más de cuatrocientos años. Y es cuando reciben esta poderosa palabra, con la que Dios les ofrece una visión de lo que estaba por venir.

Pero debemos señalar algo antes de continuar. Ellos no eran pocos. Ya se habían multiplicado bastante y eran muchísimos, la Biblia dice que eran "como las estrellas del cielo en multitud". Ese número es muy grande. De hecho, es tanto así que en mi computadora no alcanza; y en mi cabeza, menos. No hay calculadora que nos diga cuantas estrellas hay en el cielo, ni se ha inventado el telescopio que nos ayude a contarlas, porque son muchísimas. Sin embargo, Dios promete y dice: "Ya son bastantes, pero 'quiero hacerlos mil veces más de lo que ahora son'".

Tal parece que a Dios no le asustan los números. Él es tan grande y majestuoso que no se intimida con cantidades, como suele pasarnos a nosotros los humanos. Su infinito poder creativo ve la cantidad de estrellas que Él mismo creó y dice: "Yo puedo hacer mil veces más que eso". Dios es eterno, y su capacidad es infinitamente alta, tanto para ver, como para contar y aun para crear. Nuestra humanidad es muy limitada como para saber el número de estrellas que existe, pero para Dios no, porque todas las cosas son posibles para Él. La Biblia dice:

> *Alcen los ojos y miren a los cielos: ¿Quién ha creado todo esto? El que ordena la multitud de estrellas una por una, y llama a cada una por su nombre. ¡Es tan grande su poder, y tan poderosa su fuerza, que no falta ninguna de ellas!* (Isaías 40:26, NVI)

NADA RARO

El Creador puede contar las estrellas y aun ponerle nombre a cada una de ellas y memorizarse cada uno de esos nombres. Él es tan poderoso que, aunque en este momento hay más de ocho billones de cabezas en el planeta tierra, el Padre sabe el número de cabellos que cada una de ellas tiene (ver Lucas 12:7). Tanto Su mente como Su poder creativo son extremadamente grandes. Por eso, aunque el número que estaba prometiendo a los judíos sonaba muy grande, en realidad para Dios no era algo que Él no pudiera hacer. Por cierto, no era la primera vez que Dios hablaba de cantidades gigantescas a Sus hijos. Cuando Él le dio a Abraham la promesa de que iba a ser padre, le habló de un número que no podía contarse:

> *Y lo llevó fuera, y le dijo: Mira ahora los cielos, y cuenta las estrellas, si las puedes contar. Y le dijo: Así será tu descendencia.* (Génesis 15:5)

Y más adelante, cuando ya había nacido Isaac, Dios confirmó Su compromiso con Su amigo Abraham hablándole no solamente de las estrellas que eran incontables, sino que en esa ocasión también le menciona "la arena del mar":

> *De cierto te bendeciré, y multiplicaré tu descendencia como las estrellas del cielo y como la arena que está a la orilla del mar; y tu descendencia poseerá las puertas de sus enemigos.* (Génesis 22:17)

¿EXAGERACIÓN, OSTENTO O VERDAD?

Junto a mi bella esposa, con quien he estado casados treinta años hasta el momento de escribir este libro, tenemos dos preciosos hijos que ya son adultos. Cuando eran muy niños (el mayor tenía siete y el menor dos años) empezamos a jugar baloncesto con ellos en el patio de nuestra casa. En mi juventud yo formé parte del equipo de baloncesto de mi escuela secundaria y había aprendido un par de cosas, así es que aquella tarde, como primer acto, agarré la pelota y después de rebotarla un par de veces di un salto en el aire. Pasé el balón por debajo de una de mis piernas y lo encesté en el aro que estaba ubicado —intencionalmente y a mi conveniencia— a solo un metro con ochenta centímetros de altura para facilitar aquella acrobacia que acababa de hacer. Por lo regular, en los juegos profesionales lo usan a tres metros de altura. Mis hijos se me quedaron viendo como a un superhumano, los ojos les brillaban al haber sido testigos de semejante acto. Y, por supuesto, la primera palabra que salió de sus bocas fue: "¡Guau!". Acto seguido aplaudieron, y lógicamente ni siquiera intentaron copiar aquella hazaña que su papá acababa de completar.

Ahora bien, si aquel día yo hubiese tenido en la audiencia a Michel Jordán, Lebron James, o a cualquier otro profesional de la liga de baloncesto de Estados Unidos (NBA por sus siglas en inglés) seguramente en vez de un "¡Guau!", quizás hubiese recibido una carcajada de burlas. No hubieran hecho más que reírse ante la ridícula muestra de habilidades que yo estaba mostrando. Estas personas son altamente profesionales, y están acostumbradas a mostrar habilidades tan asombrosas, que las personas pagan mucho dinero para verlas y aplaudirles. Pero como lo que yo hice fue ante una audiencia de niños que en aquel momento eran muy pequeños, a ellos les pareció una insuperable muestra de atletismo.

LA AUDIENCIA NO SIEMPRE ESTÁ A LA ALTURA DEL EXPOSITOR

Con esta historia pretendo únicamente ilustrar lo que a veces ocurre cuando Dios nos dice o promete algo. Cada vez que Dios habla, lo hace desde Su omnipotencia, desde Su posición de autoridad, porque Su intención es inspirarnos a creer y a crecer. Para Dios todas las cosas son posibles (Marcos 10:27), y cuando Él expone una verdad, lo hace desde Su capacidad para hacer que eso ocurra y no desde nuestra capacidad para entenderlo. Por eso podemos asegurar con toda confianza que Dios no estaba exagerando cuando habló a Abraham de darle muchos hijos, ni tampoco cuando dijo que quiere hacer "mil veces más" de lo que ya ha hecho con nosotros.

El Señor no miente, y jamás pretende impresionarnos con sus habilidades (como fue mi caso con mis niños aquel día). Dios Es un Padre que, más allá de tratar de hacer un despliegue de Sus capacidades, nos está tratando de ayudar a recuperar la mentalidad que perdimos cuando fuimos originalmente creados.

PARA DIOS TODAS LAS COSAS SON POSIBLES (MARCOS 10:27), Y CUANDO ÉL EXPONE UNA VERDAD, LO HACE DESDE SU CAPACIDAD PARA HACER QUE ESO OCURRA Y NO DESDE NUESTRA CAPACIDAD PARA ENTENDERLO.

GIGANTES EN LA TIERRA

Cuando Dios creó a Adán y lo puso en la tierra, lo hizo a Su imagen y semejanza (Génesis 1:26-27). El hombre era un ser con inteligencia y capacidades semejantes a las de Dios. Al punto que pudo ponerles nombre a todos los animales, sin faltarle uno de ellos, y aun pudo retener los nombres sin olvidarlos. Y como si esto fuera poco, también les puso nombre a todos los insectos y a todas las aves; incluso a todos los seres marinos. Consideremos que esto sucedió antes del diluvio, lo que nos advierte que muchas especies aún no se habían extinguido, como los dinosaurios, por ejemplo. Adán poseía una mente capaz de gobernar y multiplicar todo lo que veían sus ojos. También tenía el poder en su boca para declarar y crear por la palabra, juntamente con la capacidad de visualizar y traer a la realidad su visión con tan solo un decreto. El hombre interactuaba con la creación, infundiendo su respeto como si fuera el mismo Dios. Además, podía reproducirse y multiplicarse hasta llenar toda la tierra de gente como él.

Todo esto fue posible porque Adán se conducía conforme al diseño con el que fue creado. Se le hizo responsable de una tarea monumental, pero él no se perturbó en absoluto, ni mostró miedo ante aquel desafío.

Lo trágico fue que todo cambió después de una conversación con la serpiente. La mente poderosa y brillante de Adán se volvió limitada y se deterioró precipitosamente. Después de fallar a causa del detrimento mental, por primera vez experimentó el miedo; y aquellos seres hechos a imagen y semejanza de Dios tuvieron que esconderse.

Pero eso no quedó allí. Cuando nos trasladamos al tiempo del Éxodo de Israel hacia la tierra prometida, Moisés envió a su equipo de líderes a reconocer la tierra; y para entonces ya la degradación mental era tanta, que diez de aquellos hombres regresaron espantados y acobardados con lo que habían visto. Los enemigos que ellos tenían que enfrentar y derrotar les parecían demasiado grandes; añadieron que al verse ante ellos se sentían como insectos. Así lo dice la Biblia:

> *Mas los varones que subieron con él, dijeron: No podremos subir contra aquel pueblo, porque es más fuerte que nosotros. Y hablaron mal entre los hijos de Israel, de la tierra que habían reconocido, diciendo: La tierra por donde pasamos para reconocerla, es tierra que traga a sus moradores; y todo el pueblo que vimos en medio de ella son hombres de grande estatura. También vimos allí gigantes, hijos de Anac, raza de los gigantes, y éramos nosotros, a nuestro parecer, como langostas; y así les parecíamos a ellos.* (Números 13:31-33)

La deformación que sufrió el hombre, desde que fue creado en Génesis hasta lo que ocurrió en Números capítulo 13, es asombrosa. En su estado original el hombre sabía que era capaz de todo. El miedo no existía, ni la ansiedad, ni las incertidumbres; nada parecía ser imposible de lograr. Ningún reto parecía "gigante", porque todo lo que Dios decía tenía sentido debido a que aquel hombre había sido creado a imagen y semejanza de Dios, y su mente no había sido corrompida por las mentiras de la serpiente.

En comparación con Adán, en su estado original, los líderes de Moisés mostraron una severa inferioridad porque volvieron asustados después de ver a sus enemigos. Tristemente, el equipo de espías que fue a reconocer la tierra, junto a toda su generación, pagaron con sus vidas el precio de aquella mentalidad. Como consecuencia, ninguno de ellos pudo alcanzar la promesa que Dios mismo había hecho con Su boca.

LA REFORMA

Vivo con la seguridad de que Dios hoy sigue hablando a Sus hijos, y la intención sigue siendo la misma: Él quiere que veamos Sus promesas cumplirse en nuestras vidas. Pero para que eso ocurra, nuestra mente debe estar dispuesta a alinearse con Su voz y creer en Sus palabras. El escritor de la carta a los Hebreos lo dice así:

> *Por lo cual, como dice el Espíritu Santo: Si oyereis hoy su voz, no endurezcáis vuestros corazones, como en la provocación, en el día de la tentación en el desierto, donde me tentaron vuestros padres; me probaron, y vieron mis obras cuarenta años. A causa de lo cual me disgusté contra esa generación, y dije: Siempre andan vagando en su corazón, y no han conocido mis caminos. Por tanto, juré en mi ira: No entrarán en mi reposo.*
>
> (Hebreos 3:7-11)

Lo que queda claro en este pasaje es que no importa cuánto Dios hable y prometa, nuestro destino continúa dependiendo de cuánto nosotros estamos dispuestos a ajustar nuestros pensamientos para creerle a Él. Como decíamos anteriormente, en el principio no había inconvenientes con que se cumpliera todo lo que Dios decía, porque la mente de su hijo Adán estaba más que dispuesta a aceptarlo y ponerlo en práctica. De igual forma ocurrió con nuestro Señor Jesucristo, a quien la Biblia llama "el segundo Adán": todo lo que el Padre le hablaba, simplemente lo creía y lo obedecía. Es por eso que necesitamos urgentemente someternos a lo que escribió el apóstol Pablo en la carta a los Romanos:

> *No os conforméis a este siglo, sino transformaos por medio de la renovación de vuestro entendimiento, para que comprobéis cuál sea la buena voluntad de Dios, agradable y perfecta.* (Romanos 12:2)

El apóstol Pablo nos dice que la única forma de ver cumplida "la buena, agradable y perfecta voluntad de Dios" en nuestras vidas es a través del desprendimiento del "conformismo" y el proceso de "transformación" de nuestro entendimiento. Esto funciona de esta forma: el hombre fue originalmente "formado" por Dios (Genesis 2:7); pero una conversación con la serpiente lo "deformó" (es decir, desprogramó lo que Dios había hecho o programado), luego el hombre se "conformó". Ahora necesitamos ser "transformados" para ser "reformados". Quizás sea más fácil entenderlo en este cuadro:

Estado	**Significado**	**Causado por**
Formado	Forma original	Dios Padre
Deformado	Salir de la forma original	La serpiente
Conformado	Adaptarse a la forma actual	El hombre
Transformado	Salir de la forma actual	La revelación
Reformado	Volver a la forma original	El Espíritu Santo

Aquella conversación que tuvo Eva con la serpiente no solamente la llevó a desobedecer, sino que desorganizó por completo la programación con la que Dios había puesto al hombre en la tierra. El hombre se deterioró tanto que el Creador un día llego a decir:

> *Porque mis pensamientos no son vuestros pensamientos, ni vuestros caminos mis caminos, dijo Jehová. Como son más altos los cielos que la tierra, así son mis caminos más altos que vuestros caminos, y mis pensamientos más que vuestros pensamientos.*
>
> (Isaías 55:8-9)

EXISTE UNA RESPUESTA

Tal y como lo hemos venido tratando en este capítulo, existe una respuesta a la desprogramación en la que hemos caído como raza. Y esa respuesta es "una reforma": volver a la forma/diseño original. Junto a mi amada esposa hemos hecho muchos seminarios de "Transformación Financiera" y "Mentalidad Empresarial". A través de estos seminarios hemos ayudado a mucha gente a reorganizar su entendimiento y someter los pensamientos a "Los Preceptos Divinos" (ver Proverbios 13:13 y Génesis 26:5). Son muchos los testimonios de personas que con esta estrategia han logrado tener una encuentro con la revelación y han recuperado la capacidad de hacer que la buena, agradable voluntad de Dios se cumpla en sus vidas.

EL RECLAMO DE JACOB

Más adelante en este libro aprenderemos sobre la obra del Espíritu Santo en el proceso de reforma, y de como Él quiere ayudarnos a someternos a la Palabra de Dios para nuestro beneficio.

Y es precisamente ese el propósito que pretendo conseguir con este libro, que todos podamos volver nuestro corazón al Espíritu Santo y pedirle que nos guíe a una transformación completa de nuestro entendimiento. Que eleve nuestros pensamientos y nos ayude a recuperar la "forma" en que fuimos creados por Él. Esto ya se ha logrado antes y ha quedado registrado en las Escrituras con personas como

Salomón, David, Abraham, y muchos otros que pudieron recuperar la capacidad de creer en Dios y recibir Sus preceptos. Veamos solamente uno de esos casos, el del patriarca Jacob. Leamos su reclamo:

> *Y tú has dicho: Yo te haré bien, y tu descendencia será como la arena del mar, que no se puede contar por la multitud.* (Génesis 32:12)

Jacob, al igual que muchos de nosotros, nació en circunstancias desfavorables. Para comenzar nació en segundo lugar, y su hermano, Esaú, era el bonito y el favorito de papá. En un intento por conseguir la bendición, Jacob mintió e hizo trampas para burlar a su padre Isaac, y esto hizo que se convirtiera en un prófugo, porque su hermano lo buscaba para matarlo. Lo que ocurre a continuación es impresionante, porque después de muchos años, veintiuno para ser exactos, Esaú vino con un batallón de cuatrocientos hombres para quitarle la vida a su hermano. Es en ese momento que Jacob hace la oración de Genesis 32:12, en la que le recuerda a Dios lo que Él había dicho. A Dios le gustó tanto aquella oración, que llegó personalmente a bendecir a Jacob y le cambió el nombre por Israel.

> *Y el varón le dijo: No se dirá más tu nombre Jacob, sino Israel; porque has luchado con Dios y con los hombres, y has vencido. Entonces Jacob le preguntó, y dijo:*

Declárame ahora tu nombre. Y el varón respondió: ¿Por qué me preguntas por mi nombre? Y lo bendijo allí. Y llamó Jacob el nombre de aquel lugar, Peniel; porque dijo: Vi a Dios cara a cara, y fue librada mi alma. (Génesis 32:28-30)

EL NOMBRE

¿Por qué Dios tuvo que cambiarle el nombre? Porque, como escribimos anteriormente, Jacob, cuyo nombre significa "suplantador",[1] no vivía con una programación muy elevada. Sus pensamientos dominantes lo llevaban a mentir, hacer trampas, y otras cosas como estas que indican su pobre de nivel de convicciones. Pero después de un par de encuentros con Dios, su oración revela que ya no era la misma persona. Sus convicciones han sido transformadas y ahora piensa en "una multitud tan grande como la arena del mar". Y Dios mismo quiso bendecirlo y cambiarle su nombre a "Israel", que es de donde nace el nombre de la nación judía.

El nombre es la identidad, el "yo soy. Es de donde nacen las convicciones más importantes de nuestra vida. Y a muchas personas Dios les tuvo que cambiar el nombre para poder hacer "mil veces más" con ellos. Gente como Abram, Saraí, Simón, Saulo y muchos otros personajes bíblicos que sufrieron un cambio de identidad y convicciones para poder

---

1. J. Strong, *Enhanced Strong's Lexicon,* Woodside Bible Fellowship, 1995.

ver "la buena, agradable y perfecta voluntad de Dios" cumplida en sus vidas.

TU TURNO

Ahora, querido lector, es tu turno. Dios quiere hacer lo mismo contigo a través del Espíritu Santo. Quizás también has estado dando vueltas en un desierto y necesitas entrar urgentemente a tu tierra prometida. A lo mejor has estado "esperando" que Dios haga algo para lo que tu mente no ha sido preparada. También puede ser el caso de que estes viendo "las promesas" como algo que no son para ti, sino para gente más importante. Cualquiera que sea el caso, lo cierto es que Dios nos ama y desea que seamos prosperados en todas las cosas. Él quiere que el mundo se dé cuenta de que todas las cosas son posibles cuando hay una mente lista para creer. Dios quiere hacer "mil veces más" contigo, para que miles de personas más se acerquen al Todopoderoso.

2

ONCE JORNADAS

"El camino a la grandeza es un proceso de crecimiento secuencial de adentro hacia fuera".
Stephen Covey

El día que los hijos de Israel salieron de Egipto es una fecha tan importante que marca el comienzo del año para su propio calendario. Es una celebración sumamente significativa, no solo por todas las poderosas señales que Dios hizo para sacarlos de ese país, sino porque para ellos significaba el fin de más de cuatro siglos de explotación y esclavitud. La Biblia cuenta que aquel día, mientras ellos salían por las puertas de aquel país, los egipcios los despedían regalándoles sus prendas de oro y plata. Ellos pudieron experimentar cómo —en un solo día— Dios les había cambiado la escasez financiera que habían sufrido en aquel territorio. Así es que podrás imaginarte la fiesta y la algarabía que había en aquella multitud de personas.

Y así empezaron su travesía hacia la Tierra Prometida. Una nube sublime los cubría del sol por el día y se convertía en una "columna de fuego" por las noches para que el frío no los congelara. Además, vieron el mar abrirse para darles paso. Del cielo caía maná todos los días para alimentarlos. También vieron una roca (de la cual salía agua) perseguirlos todos los días para calmar su sed. Es decir, estas personas miraban la mano de Dios hacer milagros todos los días. La parte triste de todo esto es que el tiempo transcurrió. Los días, los meses y los años se fueron acumulando hasta completar más de cuatro décadas de camino por aquel desierto, y estas personas no pudieron llegar a su destino.

LA SOLUCIÓN

La historia narra que estaban a solo once días de su destino, pero cuarenta años más tarde aún no habían llegado. En el capítulo anterior aprendimos cuál fue la causa que hizo que las promesas de Dios se demoraran y para la mayoría de ellos ni siquiera llegaron a cumplirse. En este capítulo abordaremos la respuesta que el líder de aquel proyecto, Moisés, decide darle a aquella extensa demora que estaban viviendo.

> *Estas son las palabras que habló Moisés a todo Israel a este lado del Jordán en el desierto, en el Arabá frente*

al Mar Rojo, entre Parán, Tofel, Labán, Hazerot y Dizahab. Once jornadas hay desde Horeb, camino del monte de Seir, hasta Cades-barnea. Y aconteció que a los cuarenta años, en el mes undécimo, el primero del mes, Moisés habló a los hijos de Israel conforme a todas las cosas que Jehová le había mandado acerca de ellos, después que derrotó a Sehón rey de los amorreos, el cual habitaba en Hesbón, y a Og rey de Basán que habitaba en Astarot en Edrei. De este lado del Jordán, en tierra de Moab, resolvió Moisés declarar esta ley, diciendo: Jehová nuestro Dios nos habló en Horeb, diciendo: Habéis estado bastante tiempo en este monte. Volveos e id al monte del amorreo y a todas sus comarcas, en el Arabá, en el monte, en los valles, en el Neguev, y junto a la costa del mar, a la tierra del cananeo, y al Líbano, hasta el gran río, el río Éufrates. Mirad, yo os he entregado la tierra; entrad y poseed la tierra que Jehová juró a vuestros padres Abraham, Isaac y Jacob, que les daría a ellos y a su descendencia después de ellos.

(Deuteronomio 1:1-8)

Estaban a punto de cumplir cuarenta y un años de travesía. Moisés ya había cumplido ciento veinte años de edad, y la mayoría de los que iniciaron la jornada ya habían muerto, exceptuando dos de ellos: Josué y Caleb. Y como si todo esto fuera poco, se habían estacionado en algún lugar y no parecían muy motivados a seguir avanzando. Y es en ese preciso momento que Moisés hace algo impresionante para cambiarle la vida a toda aquella nación. La Biblia dice que "resolvió Moisés declarar una ley". Aquella "ley" básicamente les decía: "Entrad y poseed la tierra".

Ahora bien, quizás como lector te rascarás la cabeza y dirás: ¿Cómo que una ley? ¿Acaso no era una promesa? ¿No era la "Tierra Prometida"? ¿Cómo que ley? Debo confesarte que fue así como nació este libro, de esas mismas preguntas que tal vez te estés haciendo. Yo no podía procesar en mi cabeza la frase "resolvió Moisés declarar una ley", por la sencilla razón de que se trataba de algo que Dios había prometido desde los días del patriarca Abraham. ¿Cómo es que ahora se convierte en una ley? Esta pregunta estuvo flotando en mi cabeza por un tiempo, hasta que me di cuenta que fue una estrategia de liderazgo que utilizó Moisés, porque se dio cuenta que estas personas no iban a llegar nunca si seguían esperando que la "promesa" se cumpliera. La única forma de meterlos en la Tierra Prometida era con "una ley".

LA GRAN DIFERENCIA

Para poder entender la diferencia es necesario explicar de la forma más sencilla posible las distintas maneras en que Dios nos habla y nos da Sus instrucciones.

LEYES

Una ley es una instrucción que establece los códigos morales o espirituales por los cuales Dios quiere que nos movamos en esta tierra. Son universales, es decir, se aplican para toda época y para toda raza.

PROMESAS

Las promesas son instrucciones que nos advierten acerca de los deseos que hay en el corazón de Dios para nosotros. Tienen el objetivo de ayudarnos a caminar en la dirección del plan maestro del Padre para nuestras vidas.

PACTOS

Es una instrucción que contiene un compromiso divino. El Creador pacta con los hombres con el objetivo de aumentarles su fe en aquello que está ofreciendo hacer. Ya sea un pacto, una ley o una promesa, Dios lo que hace es expresar Sus pensamientos y revelar Su corazón para nosotros. Lo importante de todo esto es comprender que lo que sale de la boca de Dios siempre se cumple. No importa si es un pacto, una promesa o una ley. Desde el momento que Dios lo habla, el cumplimiento se vuelve inevitable. Porque para el Señor no hay diferencia entre una cosa y otra. Para Él, el simple hecho de haberlo proclamado tiene todo tipo de garantía que debe cumplirse, porque Él es Dios y Su Palabra es inmutable. Además, Él no miente, porque si lo hiciera, Su reputación se vería afectada y dejaría de ser Dios.

Pero todo cambia cuando nos trasladamos al lado donde la palabra está siendo recibida. El receptor no interpreta igual una instrucción que llega en forma de "promesa" que cuando llega en forma de "ley". Por alguna razón, cuando nuestro cerebro recibe una "orden" funciona distinto que cuando recibe una "promesa". Las promesas en nuestra cabeza suenan algo como "quédate esperando hasta que llegue". Pero las leyes suenan así: "lo haces o estarás en problemas".

Quiero insistir en esto: para Dios no hay ninguna diferencia. Su Palabra es inalterable. Él no miente, ni falla. La Biblia dice:

> *La hierba se seca y la flor se marchita, pero la palabra de nuestro Dios permanece para siempre.*
>
> (Isaías 40:8, NVI)

En otras palabras, no es "quién" lo está diciendo, sino "cómo" lo estamos interpretando. Muchas veces Dios está tratando de decirnos algo, pero cuando la mente no ha sido renovada (tal era el caso de los judíos en el desierto), la interpretación que le damos puede estar captando algo completamente distinto. Eso fue lo que le sucedió a Jesús en medio de una travesía en el mar.

> *Habían olvidado de traer pan, y no tenían sino un pan consigo en la barca. Y él les mandó, diciendo: Mirad, guardaos de la levadura de los fariseos, y de la levadura de Herodes. Y discutían entre sí, diciendo: Es porque no trajimos pan. Y entendiéndolo Jesús, les dijo: ¿Qué*

discutís, porque no tenéis pan? ¿No entendéis ni comprendéis? ¿Aún tenéis endurecido vuestro corazón? ¿Teniendo ojos no veis, y teniendo oídos no oís? ¿Y no recordáis? Cuando partí los cinco panes entre cinco mil, ¿cuántas cestas llenas de los pedazos recogisteis? Y ellos dijeron: Doce. Y cuando los siete panes entre cuatro mil, ¿cuántas canastas llenas de los pedazos recogisteis? Y ellos dijeron: Siete. Y les dijo: ¿Cómo aún no entendéis?

(Marcos 8:14-21)

Jesús les estaba hablando de una cosa, y ellos estaban interpretando otra completamente distinta. El Señor les explica que la causa de este desacuerdo entre lo que Él les dice y lo que ellos están entendiendo es que sus corazones aún no habían sido trasformados. Y aunque les había dado suficientes razones para que creyeran en Él, todavía no entendían Sus palabras.

En el caso de los judíos, Dios había dicho que entraran a poseer lo prometido, pero ellos entendían que por tratarse de una "promesa" no tenía que haber ningún esfuerzo de su parte. Y estaban muy equivocados. Lo triste es que aquella mala interpretación los tenía dando vueltas en una estación que estaba supuesta a durar solamente "once días". Y ahora, casi cuarenta y un años más tarde, todavía no lo habían alcanzado. Por eso Moisés dice: "Ahora es una ley". Unos días más tarde Moisés murió y Josué asumió el mando, y en tres días cruzaron el río Jordán y entraron a la Tierra Prometida.

TRANSFORMACIÓN

¡Funcionó! ¡Nunca fue tan difícil como parecía! Todo lo que había que hacer era transformar la interpretación que se le estaba dando a lo dicho por el Creador. Ellos estaban detenidos por una mala interpretación. No tenía que haber pasado tanto tiempo. Como lo dice el apóstol Pablo:

> *No os conforméis a este siglo, sino transformaos por medio de la renovación de vuestro entendimiento, para que comprobéis cuál sea la buena voluntad de Dios, agradable y perfecta.* (Romanos 12:2)

¡NUNCA FUE TAN DIFÍCIL COMO PARECÍA!

No cabe la menor duda de que era la voluntad de Dios que ellos poseyeran la tierra. Pero estaban detenidos por causa de una interpretación inadecuada de lo que Dios había hablado. Todo lo que necesitaban hacer era "transformar" y "renovar" su entendimiento sobre la instrucción recibida. Es decir, debían tomar lo que Dios había hablado y darle la interpretación adecuada para que pudiera cumplirse. O, como lo dice mi amado *coach*, el doctor Héctor Teme, "una nueva mirada cambia cualquier temporada". Ellos estaban muy cerca de su Tierra Prometida, a tan solo "once jornadas". Pero les tomó más de cuarenta años, porque ellos estaban esperando que el Señor hiciera algo.

La gran pregunta para nosotros es: ¿qué pasaría si nos atreviésemos a usar el mismo método que usó Moisés para ayudar a su pueblo y cambiáramos las promesas que están en la Biblia, y las hacemos "una ley" para nuestras vidas? ¿Qué pasaría si en vez de llamarle "la promesa de sanidad" le llamamos "la ley de sanidad?". Y ¿qué ocurriría si en vez de quedarnos esperando que Dios cumpla, nos movemos en la fe de que Dios no falla? Tomemos como ejemplo lo que le pasó al profeta Elías, en aquella temporada de hambruna que había en la tierra (1 Reyes 17:8-16). Dios le dijo: "He dado orden a una viuda que te sustente". ¿Cuál fue la actitud inmediata de Elías? Él tomó acción al instante. Se dirigió al pueblo que Dios le dijo, y a la primera viuda que se encontró, le habló todo lo que El Señor le había encomendado. ¿Y por qué tomó acción inmediata? Porque Elías recibió la palabra como una *orden* del cielo. ¿Puedes imaginar, amado lector, si el profeta hubiese dicho "voy a ir al pueblo indicado y me voy a sentar en la puerta hasta que una viuda me hable y diga 'aquí te envía El Señor tu provisión'"? O, peor aún, imagina si el profeta se hubiese quedado "esperando" en aquel arroyo seco diciendo "Dios me habló y dijo que una viuda me va a sustentar, así es que voy a esperar hasta que llegue". Sé que suena cómico, pero me ha tocado oír a personas decir "estoy esperando que Dios cumpla Su promesa en mi vida". Y yo me pregunto: ¿no será más bien que es Dios quien está esperando que nosotros actuemos, a causa de Su promesa a nuestras vidas? La Biblia dice:

> *Los que esperan a Jehová tendrán nuevas fuerzas; levantarán alas como las águilas; correrán, y no se cansarán; caminarán, y no se fatigarán.* (Isaías 40:31)

¿QUÉ OCURRIRÍA SI EN VEZ DE QUEDARNOS ESPERANDO QUE DIOS CUMPLA, NOS MOVEMOS EN LA FE DE QUE DIOS NO FALLA?

LA DETERMINACIÓN

Esperar en Dios no debería ser una actitud pasiva y sin acción. Al contrario, si Él Señor nos ha prometido algo, debemos avanzar con la absoluta confianza de que todo se cumplirá. Él nunca falla, ni mentirá. Esa confianza nos da "fuerzas" para "volar, correr, avanzar y nunca fatigarnos". Cuando el corazón se llena de fe en la Palabra de Dios nos volvemos personas determinadas. Ya nada nos puede detener. Si algo me ha enseñado la experiencia de la fe es que los milagros le ocurren a los que se determinan a atraparlos. Tal fue el caso de la muy mencionada "mujer del flujo".

Su historia está relatada en los Evangelios, y la versión de Marcos lo dice así:

> *Pero una mujer que desde hacía doce años padecía de flujo de sangre, y había sufrido mucho de muchos médicos, y gastado todo lo que tenía, y nada había aprovechado, antes le iba peor, cuando oyó hablar de Jesús, vino por detrás entre la multitud, y tocó su manto. Porque decía: Si tocare tan solamente su manto, seré salva. Y en seguida la fuente de su sangre se secó; y sintió en el cuerpo que estaba sana de aquel azote. Luego Jesús, conociendo en sí mismo el poder que había salido de él, volviéndose a la multitud, dijo: ¿Quién ha tocado mis vestidos? Sus discípulos le dijeron: Ves que la multitud te aprieta, y dices: ¿Quién me ha tocado? Pero él miraba alrededor para ver quién había hecho esto. Entonces la mujer, temiendo y temblando, sabiendo lo que en ella había sido hecho, vino y se postró delante de él, y le dijo toda la verdad. Y él le dijo: Hija, tu fe te ha hecho salva; ve en paz, y queda sana de tu azote.* (Marcos 5:25-34)

SI ALGO ME HA ENSEÑADO LA EXPERIENCIA DE LA FE ES QUE LOS MILAGROS LE OCURREN A LOS QUE SE DETERMINAN A ATRAPARLOS.

La historia de esta dama nos ofrece un cuadro exacto de lo que venimos tratando. Doce largos años intentando ser sana. Su determinación para lograrlo nos dice que para ella la sanidad no era solamente una promesa que debía esperar sentada en su casa. Para ella la sanidad era "una ley" que debía procurarse a cualquier costo. Fue a todos los médicos y profesionales en la materia a los que tuvo acceso. Y aunque estos le repetían con resuelta certeza que no había ninguna solución para su caso, ella persistía. Además "gastó todo cuanto tenía"; y aunque "nada le había aprovechado", sino que más bien "le iba peor", ella no estaba dispuesta a dejar de seguir intentándolo; porque para ella había "una orden del cielo" y su resolución estaba firme. Así es que cuando escuchó hablar de Jesús no lo pensó dos veces. Con la poca fuerza que le quedaba, después de haber estado "sangrando por doce años" y de "haber sufrido mucho", salió de su casa para "tocar siquiera el borde del manto de Jesús".

Ninguno de nosotros quisiera haber estado en la posición de aquella mujer desnutrida y enferma. Porque el acceso a Jesús estaba bloqueado por "una multitud que le apretaba". Pero cuando hay una ley del cielo que cumplir, las excusas y los pretextos se desvanecen solos. Ella se arrastró por el piso, seguramente recibiendo un par de pisotones, y aún patadas de más de alguno, y se abrió camino hasta llegar al centro de aquel montón de personas. Mientras avanzaba ella revelaba lo que había en su mente y corazón: "Porque de la abundancia del corazón habla la boca" (Lucas 6:45).

Ella se repetía a sí misma aquel poderoso decreto: "Si tan solo toco el borde de su manto, me sano". Para ella no había "un plan B", solo la determinación de hacer que se cumpla lo que ya estaba escrito sobre su vida. ¡Y lo logró! Aquel día logró su milagro y además el privilegio de que su historia se encuentre registrada en las Escrituras, como testimonio para el mundo entero.

La Biblia está llena de historias como esta, que nos muestran lo que se puede lograr cuando alguien se aferra con todo el corazón a lo que Dios en Su infinito amor y eterna misericordia nos ofrece. Por eso, amado lector, te quiero desafiar a no "conformarte" con ninguna circunstancia que sea contraria a lo que "el cielo ha ordenado" para tu vida. Quizás tu tierra prometida esté a tan solo a "once jornadas" de distancia y las cosas no sean tan difíciles como parecen. El Señor quiere ver cumplida cada promesa hecha para nuestra familia, salud y bienestar. Él las dejó por escrito en la Palabra, y eso significa que cada una de ellas "es una ley" que debemos acatar. Todo lo que hace falta hacer es movernos con determinación en esa dirección y no detenernos hasta haber visto "mil veces más".

CUANDO HAY UNA LEY DEL CIELO QUE CUMPLIR, LAS EXCUSAS Y LOS PRETEXTOS SE DESVANECEN SOLOS.

3

UN ALMA PRÓSPERA

"El hombre es perfectible, puede mejorar;
del mismo modo sucede con su capacidad de
enriquecerse, por incierto y débil que sea su origen.
El talento de todo hombre para prosperar puede
desarrollarse en cualquier momento de su vida".
Sócrates

Posiblemente, la pregunta más frecuente que se escucha en las oficinas pastorales sea esta: "Pastor, ¿cómo sé cuál es la voluntad de Dios para mi vida? Si lo pensamos con detenimiento, es una pregunta válida. Los jóvenes quieren saber la respuesta para tomar decisiones. Los adultos quieren saberla para no cometer errores. Los solteros darían lo que sea por saberla, para elegir la persona correcta. Los padres imploran por conseguir luz en esto, para poder guiar a sus hijos. En fin, todos quieren saber qué es lo que está en el corazón de Dios para poder agradarle y cumplir Sus planes. Afortunadamente, Dios dejó por escrito lo que "Él desea" para nosotros en Su Palabra para garantizar que ninguno de Sus hijos se extravíe por desconocimiento. El pasaje a continuación lo expresa claramente:

> *Amado, yo deseo que tú seas prosperado en todas las cosas, y que tengas salud, así como prospera tu alma.*
>
> (3 Juan 1:2)

De forma muy elocuente y directa, Dios dice que Su "deseo" y "voluntad" es que "seamos prosperados en todas las cosas", sin perder la salud. Sin rodeos, ni vacilaciones, el Creador deja muy claro que Su más profundo deseo es ver a Sus hijos amados avanzar en todas las áreas, incluyendo el área de la salud. Pero también añade algo de suma importancia, una especie de condición a la que está ligado el cumplimiento de aquel precioso deseo. Y dice así: "Así como prospera tu alma". En otras palabras, para lograr que "todo prospere" hay algo que debe prosperar primero y es "el alma".

Tuve la dicha de nacer en una familia cristiana. Mi abuelita era miembro muy fiel de su congregación y ocupaba cargos importantes dentro del cuerpo de liderazgo de su comunidad. Teníamos el precioso hábito de juntarnos toda la familia en la casa de mi abuela, y ella capitalizaba la ocasión y nos obligaba a todos a asistir a la iglesia. Cuando mis padres me daban permiso de quedarme unos días con mi abuelita, todo iba en otra dimensión, porque desde que amanecía ella estaba con la Biblia en la mano, cantando himnos y diciéndome lo que la Palabra de Dios enseñaba. Pero no puedo negar que, aunque un poco aburridas las reflexiones, yo siempre disfrutaba ver la devoción y el amor que aquella dulce anciana mostraba por el Todopoderoso. Cuando llegué a la adolescencia, a mi temprana juventud me aparté y dejé de congregarme. Sin embargo, puedo decir que desde que tengo uso de razón estoy escuchando sermones bíblicos.

Regresé a la iglesia voluntariamente a los veinte años de edad, y desde entonces han pasado más de 36 años y no puedo enumerar la cantidad de charlas, predicaciones y seminarios que he oído.

Al hacer una suma de todos los mensajes que tengo registrados en mi corazón, puedo decir con certeza que el tema del "alma" es uno de los menos tratados en las iglesias; y en mi opinión, el más necesario. Esta materia debería ser de carácter mandatorio para todo creyente, independientemente de la denominación de su iglesia. Debería ser un requisito indispensable para todo el que quiera casarse o emprender un proyecto de cualquier índole. La Biblia y la vida me han enseñado que cuando el alma prospera, todo lo demás prospera de forma natural. Pretender que la prosperidad llegará a nosotros solamente porque es "el deseo de Dios" es un error, y dejará a muchas personas frustradas al ver que el tiempo pasa y que lo que el Señor dijo no se está cumpliendo. Esto es igual a decir que la prosperidad viene de Dios, pero no depende solamente de Él. En este capítulo nos dedicaremos a estudiar los principios que garantizan la prosperidad del alma y el avance saludable de todas las cosas.

LA BIBLIA Y LA VIDA ME HAN ENSEÑADO QUE CUANDO EL ALMA PROSPERA, TODO LO DEMÁS PROSPERA DE FORMA NATURAL.

LA PROSPERIDAD

Hablar de la prosperidad del alma es un tema un poco complejo, debido a que, para muchas personas, la palabra "prosperidad" está conectada solamente al crecimiento financiero. Por supuesto que el dinero es una parte importante de la prosperidad, pero, sin lugar a dudas, no es la más importante. En la Biblia, prosperar no tiene que ver solamente con ganar dinero, sino más bien con el éxito integral de todas las áreas. De hecho, la palabra "prosperidad" que se usa en el pasaje de 3 Juan 1:2 es el termino griego *euodoo,*[2] que significa "tener un viaje o una jornada exitosa y placen-

---

2. J. Strong, *In Enhanced Strong's Lexicon,* Woodside Bible Fellowship, 1995.

tera". Tiene que ver con emprender una marcha y llegar con éxito al destino. A eso se refería el salmista cuando dijo:

> *Jehová guardará tu salida y tu entrada desde ahora y para siempre.* (Salmos 121:8)

UN ALMA PRÓSPERA

La gran pregunta es: ¿por qué Dios dice que la prosperidad depende del avance del alma? ¿Qué tiene que ver el alma con una jornada exitosa? La respuesta es, ¡mucho! El Creador quiere que entendamos que la prosperidad no es un asunto espiritual, ni mucho menos material; sino que está conectado al alma. Y funciona así: nosotros somos seres tripartitos. Somos espíritu, alma y cuerpo (1 Tesalonicenses 5:23). El espíritu es el aliento de Dios en nosotros; la parte espiritual que se comunica con El Padre. El cuerpo es donde habitamos; la parte de carne y hueso que usamos para vivir en esta tierra. El alma, por su lado, es donde están las emociones, el razonamiento, la voluntad, los sentimientos, las pasiones, la memoria. La Biblia se refiere a ella muchas veces como "la mente", y también en otras ocasiones como "el corazón". El alma es lo que usamos para registrar las experiencias y donde se guardan los datos que acumulamos en los estudios, consejos y palabras que escuchamos. No se nos hace posible vivir sin el alma. Ella es la encargada de registrar datos de aprendizaje y guardar memorias, por eso es el aliado perfecto y la clave para la prosperidad. Cuando todo marcha bien en el alma o, mejor dicho, cuando el alma está prosperando, eso afectará la manera en que tomamos decisiones, lo que a su vez decidirá las acciones que nos llevarán en la dirección correcta de la vida.

Es en el alma donde los pensamientos se juntan para fabricar opiniones. Las opiniones, una vez fundamentadas, producen argumentos; y cuando los argumentos se fortalecen, terminan dando a luz percepciones. Son estas las encargadas de forzar decisiones, y las decisiones son las que dictan nuestra vida.

Hemos encontrado, entonces, la ruta para cambiar nuestra vida, vayamos para atrás según lo que acabamos de ver: primero tenemos que modificar nuestras decisiones; para modificar nuestras decisiones, hay que alterar nuestras percepciones; para cambiar nuestras percepciones, es necesario transformar nuestros argumentos. Estos nacen de nuestras opiniones; que a su vez son producidas por nuestros pensamientos, que se acumulan y se anidan en el alma. Es por esto que Dios dice que "para que todo comience a prosperar, primero debe prosperar el alma".

Cuando el alma está llena de buenos pensamientos y sanas emociones, la prosperidad se vuelve fácil de alcanzar. Y esto es lo maravilloso, que es algo que no está determinado por las circunstancias que estemos viviendo, o la situación económica que por la que atraviese la nación donde vivimos. Y mucho menos tiene que ver con el lugar donde nacimos, ni el pasaporte que tengamos. Siempre será decisión nuestra hacer prosperar el alma. ¿Cómo se logra? Modificando lo que está alojado dentro de ella; forzándola a producir mejores y más elevados pensamientos. O como lo dijo el apóstol Pablo, por medio de la transformación y renovación del entendimiento.

> *No os conforméis a este siglo, sino transformaos por medio de la renovación de vuestro entendimiento, para que comprobéis cuál sea la buena voluntad de Dios, agradable y perfecta.* (Romanos 12:2)

SIEMPRE SERÁ DECISIÓN NUESTRA HACER PROSPERAR EL ALMA.

PRINCIPIOS QUE PROSPERAN EL ALMA

El apóstol Pablo es muy claro en este verso de Romanos: Dios no está encargado de cambiar y modificar nuestros pensamientos, esa parte nos toca a nosotros. Es un error pensar que nuestra alma por sí sola va a funcionar de manera correcta. Nosotros debemos tomar la iniciativa y ser muy intencionales en controlar lo que hay en el alma y lo que esta hace. Es así como se inicia la prosperidad del alma. Estos son cinco pasos sencillos que ayudan a hacerlo:

1. BLOQUEA TODO AQUELLO QUE ES CONTRARIO A LA OBEDIENCIA A CRISTO.

Porque las armas de nuestra milicia no son carnales, sino poderosas en Dios para la destrucción de fortalezas, derribando argumentos y toda altivez que se levanta contra el conocimiento de Dios, y llevando cautivo todo pensamiento a la obediencia a Cristo. (2 Corintios 10:4-5)

2. ELIMINA TODO RECUERDO QUE DAÑE O ENSUCIE TU ALMA.

Examinadlo todo; retened lo bueno. Absteneos de toda especie de mal. (1 Tesalonicenses 5:21-22)

3. PRODUCE PENSAMIENTOS QUE REEMPLACEN CUALQUIER FORMA ATRASADA DE PENSAR Y GENEREN SOLAMENTE AQUELLOS QUE TE ACERQUEN CADA VEZ MÁS A AGRADAR A DIOS.

Hijo mío, no se aparten estas cosas de tus ojos; guarda la ley y el consejo, y serán vida a tu alma, y gracia a tu cuello. (Proverbios 3:21-22)

4. AÑADE CONOCIMIENTO QUE PUEDA ENRIQUECER TU ALMA Y QUE TE PRODUZCA SABIDURÍA.

Come, hijo mío, de la miel, porque es buena... Así será a tu alma el conocimiento de la sabiduría; si la hallares tendrás recompensa. (Proverbios 24:13-14)

5. LEE LA BIBLIA Y CONFIESA DE FORMA AUDIBLE, Y CON VOZ FUERTE, TODAS LAS PROMESAS QUE DIOS NOS HA DEJADO POR ESCRITO PARA QUE LAS CREAMOS Y VIVAMOS.

Nunca se apartará de tu boca este libro de la ley, sino que de día y de noche meditarás en él, para que guardes y hagas conforme a todo lo que en él está escrito; porque entonces harás prosperar tu camino, y todo te saldrá bien. (Josué 1:8)

6. HONRA AL CREADOR, PORQUE ESTO LLEVARÁ A TU ALMA A PRODUCIR PENSAMIENTOS DE ABUNDANCIA.

El alma generosa será prosperada; y el que saciare, él también será saciado. (Proverbios 11:25)

Recuerda, el alma es un aliado, no un líder. No se le puede soltar el control, porque no fue diseñada para eso. Nuestro espíritu debe asumir el control, guiado por el Espíritu Santo, y dictar la dirección en que el alma debe funcionar. Si nosotros no tomamos el control, entonces el alma no tendrá más opciones que responder a las circunstancias de forma emocional o sentimental; o acudirá a los archivos mentales (muchas veces obsoletos) para enfrentar lo que sea que estamos atravesando. El salmista David, rey de Israel, que también es conocido en la Biblia como "un hombre conforme al corazón de Dios" (Hechos 13:22), sabía practicar el hábito de controlar el alma, y la forzaba a pensar y hacer lo correcto. Leamos:

> *Bendice, alma mía, a Jehová, y bendiga todo mi ser su santo nombre. Bendice, alma mía, a Jehová, y no olvides ninguno de sus beneficios. Él es quien perdona todas tus iniquidades, el que sana todas tus dolencias; el que rescata del hoyo tu vida, el que te corona de favores y misericordias; el que sacia de bien tu boca de modo que te rejuvenezcas como el águila.* (Salmos 103:1-5)

EL ALMA ES UN ALIADO, NO UN LÍDER. NO SE LE PUEDE SOLTAR EL CONTROL, PORQUE NO FUE DISEÑADA PARA ESO.

Los beneficios de poner el alma a producir los pensamientos correctos listados en el Salmo 103 son solamente algunos de ellos. Dios dice que "seremos prosperados en todas las cosas" cuando llevemos el alma en la dirección correcta. Nunca esperes que eso surja de forma natural. Soñar es solo el primer paso, una vez que el sueño llega hay que poner el alma a funcionar en dirección del cumplimiento de la meta trazada. Cuando no se hace nada, la frustración, al no ver resultados, se vuelve inevitable. Pero cuando somos diligentes en hacer prosperar el alma, lo inevitable es que el sueño se cumpla.

> *El alma del perezoso desea, y nada alcanza; mas el alma de los diligentes será prosperada.*
>
> (Proverbios 13:4)

EL PODER DE LA PAZ

Hace un tiempo atrás pasó a visitar nuestra congregación el cónsul de Israel en la ciudad de Miami. Yo estaba muy ansioso de conocerlo, y esperaba escuchar de él las palabras "Dios te bendiga". Por alguna razón, yo pensaba que ese iba a ser su saludo inicial. Habíamos preparado un ambiente especial en el templo, con la bandera de Israel y una serie de ceremonias para honrar al visitante. Cuando él entró a mi oficina, inmediatamente me puse de pie. Me acerqué a él con mi mejor sonrisa y le ofrecí un apretón de manos. Con una voz muy cálida y sencilla me dijo "shalom". Después de unos minutos entramos al templo y lo presenté para que saludara a la congregación; y al tomar el micrófono inició su saludo con la misma palabra: *shalom*.

Estuvo hablando por unos minutos y se despidió con la misma palabra. Luego, antes de subir en el vehículo que lo transportaba, me abrazó y me volvió a decir la palabra *shalom*. Como estudiante de la Biblia que he sido por más de treinta años, yo sabía que *shalom* significaba "paz". Pero mi curiosidad era por qué había sido tan insistente el cónsul en mencionar esa palabra tantas veces. Además, no lo escuché decir ni una sola vez las palabras "Dios te bendiga". Así es que fui a mi casa e inmediatamente me puse a investigar qué significado podía tener la palabra *shalom* en el saludo judío. El descubrimiento que hice ese día me cambió la vida para siempre. Porque me enteré de que cuando Dios quiere bendecir a alguien, lo hace llenándolo de "paz" (Números 6:22-27)

Hasta ese momento yo había entendido que lo más importante que Dios puede darle a un ser humano es Su paz. La Biblia dice así:

> *Así Dios les dará su paz, que es más grande de lo que el hombre puede entender; y esta paz cuidará sus corazones y sus pensamientos por medio de Cristo Jesús.*
>
> (Filipenses 4:7, DHH)

La palabra "corazón" que utiliza el apóstol Pablo en Filipenses 4:4 es la palabra *kardia*,[3] y significa "alma" o "mente". Y él dice que "la paz de Dios" es el "guardián" de

---

3. *Ibid.*

nuestras "almas". Ese día entendí que de la única forma en que el alma puede prosperar es por medio de la paz que Dios nos da. Por eso los judíos se saludan con la palabra *shalom*, que significa paz. Todo cobró sentido para mí aquella tarde, porque pude entender por qué el rey Salomón había tenido el reino más próspero de la historia. Su nombre significa "paz", porque proviene de la palabra *shalom*.[4] El hijo del rey David pudo ver "mil veces más" porque había sido marcado desde niño con ese atributo.

PAZ NO ES AUSENCIA DE PROBLEMAS

La quietud y la paz en el alma son pilares poderosos para la capacidad de generar ideas creativas, y son un incentivo para el desarrollo de nuestras facultades y talentos. Cuando el alma está llena de paz, las respuestas aparecen y las soluciones se encuentran. Además, es en ese estado en el que el cuerpo humano produce endorfinas, que son las encargadas de generar una sensación de bienestar en nuestro cuerpo. Sin embargo, es bueno entender que paz no significa que no vamos a pasar pruebas, sino que tendremos la capacidad de generar las respuestas para sacar victorias de cada prueba. Tomemos como ejemplo la muy conocida historia de Jesús y Sus discípulos atravesando la tempestad (ver Marcos 4:35-40). La Biblia dice que estaban en medio del mar cuando empezó a llover muy fuerte, con mucho viento y con olas muy grandes que caían dentro de la precaria embarcación.

---

4. *Ibid.*

Los discípulos hicieron todo cuanto pudieron, pero en algún momento se llenaron de miedo, pensando que se iban a hundir y ahogarse. Mientras tanto, Jesús está profundamente dormido. A Él no parece molestarle lo que está ocurriendo, y ni siquiera parece darse por enterado. Al intensificarse la tormenta los discípulos no pueden resistir más los angustiadores pensamientos y terminan despertando a Jesús. Él se levantó, e inmediatamente reprendió la tormenta y la bonanza volvió a la escena.

PAZ NO SIGNIFICA QUE NO VAMOS A PASAR PRUEBAS, SINO QUE TENDREMOS LA CAPACIDAD DE GENERAR LAS RESPUESTAS PARA SACAR VICTORIAS DE CADA PRUEBA.

Puedo ver en mi imaginación a los asustados discípulos, con la boca abierta, tratando de explicarse a sí mismos qué es lo que acababa de ocurrir. No me refiero solamente al majestuoso milagro de calmar el viento, sino al hecho de que ellos eran doce personas adultas, pero que por más que intentaron no pudieron traer soluciones. Sin embargo, Jesús, que estaba dormido desde dos minutos atrás, se levantó y con un par de palabras solucionó todo.

Creo tener la respuesta al dilema que experimentaron aquellos discípulos. Y la respuesta es que los problemas no se solucionan afanándose. Se necesita tener el alma descansada para poder resolverlos. Ellos tenían buenas intenciones, pero el alma muy alterada. Es muy difícil traer soluciones cuando la tormenta más grande la llevamos por dentro. Antes de traer paz al mundo exterior, primero debemos experimentarla en el mundo interior.

Eso fue exactamente lo que pasó con Jesús. Él estaba descansando, y no permitió que lo que estaba ocurriendo por fuera perturbara la paz interior que Él disfrutaba; eligió descansar en medio de la tormenta, y cuando se levantó estaba listo para calmarla. Así es como funciona la paz. No evita los problemas, pero nos ayuda a encontrar la respuesta para solucionarlos.

El final de la historia de la tormenta en Marcos 4 nos regala una enseñanza muy alentadora, porque nos demuestra que la ansiedad de los discípulos no pudo lograr nada, pero cuando se acercaron a Jesús, entonces obtuvieron lo que con afán no pudieron. Acercarnos a Dios nos llena de paz. Y la paz hace que nuestra alma prospere. Y cuando el alma prospera, entonces todo lo demás prospera.

La paz de Dios es la antesala a "la prosperidad del alma". Y a su vez, la prosperidad del alma es la antesala para que todo lo demás prospere. Así lo dice la Biblia:

> *Vuelve ahora en amistad con él, y* ***tendrás paz; y por ello te vendrá bien.*** (Job 22:21)

Dios tiene cuidado de nosotros (1 Pedro 5:7) y ha prometido que nada nos faltará (Salmos 23:1). No podemos angustiarnos y mucho menos rendirnos porque en algún momento las cosas no salgan bien. Debemos tener siempre claro que "después de un desierto, siempre hay una tierra prometida", y en esa posición veremos "mil veces más".

ES MUY DIFÍCIL TRAER SOLUCIONES CUANDO LA TORMENTA MÁS GRANDE LA LLEVAMOS POR DENTRO. ANTES DE TRAER PAZ AL MUNDO EXTERIOR, PRIMERO DEBEMOS EXPERIMENTARLA EN EL MUNDO INTERIOR.

4

PRIMERAMENTE

"Cuando entiendes el poder que tienen tus pensamientos, jamás vuelves a permitir uno negativo en tu cabeza".
Peace Pilgrim

La historia de la raza humana está llena de descubrimientos. Algunos de ellos han cambiado drásticamente la vida del hombre en la tierra. Como por ejemplo, el descubrimiento de la electricidad que hizo Benjamín Franklin en 1752; o el que hizo Galileo Galilei en el año 1610 sobre el movimiento de la tierra. También está el que publicó Isaac Newton en un artículo en el año 1687 sobre la gravedad. Y no podemos dejar fuera de la lista el descubrimiento de América que hizo Cristóbal Colón en 1942.

Sin embargo, y sin quitarle su debida importancia a estos extraordinarios descubrimientos, creo que el descubrimiento más importante se realiza el día que una persona descubre el poder de sus pensamientos. Ese día en el que alguien es capaz de darse cuenta de que su mente, y nada más que eso, es la que produce la fe necesaria para hacer cualquier proyecto realidad, o la que puede provocar la preocupación suficiente para destruir su salud. Pienso que ese es el hallazgo más sobresaliente de todos.

Cuando llegamos a ese punto de conciencia y entendemos que las palabras que nos dicen, o las cosas que nos pasan, no son más poderosas que los pensamientos que nosotros mismos producimos; entonces por primera vez tomamos conciencia de que no podemos darnos el lujo de darle cabida en nuestra cabeza a algunos que son innecesarios. La Biblia enseña que nuestro destino descansa en la calidad de lo que nosotros pensamos (ver Proverbios 4:23 y 23:7). Debemos comprender que el poder de los pensamientos es el primer paso para transformar nuestra realidad.

El señor Wallace D. Wattles en su libro *The Science Of Getting Rich* [La Ciencia de volverse rico], dice: "Usted puede ser el hombre más pobre del continente, y estar profundamente endeudado; quizás no tenga amigos, ni influencia, ni recursos; pero si empieza a hacer las cosas de cierta manera, infaliblemente usted se enriquecerá... El hombre se hace rico por hacer las cosas de cierta manera; pero para eso el hombre primero debe pensar de cierta manera, porque la forma que un hombre hace las cosas es el resultado directo de cómo piensa sobre las cosas... Si enriquecerse es el resultado de hacer las cosas de cierta manera, y si las mismas causas siempre producen los mismos efectos, entonces cualquier hombre o mujer que pueda hacer las cosas de esa cierta manera se puede volver rico". Cuando aprendemos a dirigir nuestra mente hacia lo positivo y lo constructivo, empezamos a ver oportunidades donde antes solo veíamos problemas, y la vida se convierte en una experiencia más enriquecedora y plena.

Ubiquémonos una vez más en la historia en la que se basa este libro. Los judíos salieron de Egipto rumbo a la tierra que Dios les prometió, y después de más de cuarenta años de travesía aún no llegaban. Aquella jornada les estaba tomando demasiado tiempo, al punto de que todos los que salieron de Egipto con aquella promesa ya habían muerto, excepto dos personas: Josué y Caleb. Todos salieron de Egipto con mucho entusiasmo; además, la Biblia dice que la misma presencia de Dios los acompañaba (Éxodo 13:21), y también sabemos que miraban milagros todos los días durante aquella travesía; sin embargo, aun con todo esto no fue suficiente para llegar al destino.

Aquí surgen algunas preguntas:

¿Qué puede ser tan poderoso para detener a las personas de lograr cosas que Dios promete?

¿Qué puede ser mayor que el entusiasmo por lograr algo?

¿Qué puede detener el cumplimiento de un deseo divino?

PENSAMIENTOS LIMITANTES

La Biblia dice que originalmente los israelitas no estaban lejos de su destino, era algo que se podía lograr en once jornadas. Pero lo que sí parecía estar alejándose de ellos era la forma de pensar con la que fueron creados. Al parecer, después de haber pasado tanto tiempo en Egipto habían sido influenciados por aquella cultura y no pudieron generar los pensamientos necesarios para conquistar la promesa. Les sucedió igual que a nuestros padres Adán y Eva, quienes después de haber conversado con la serpiente perdieron la capacidad de pensar de la manera que es necesaria para que todo lo que Dios les había hablado, se cumpliera.

Sé que suena como una falacia, pero si nosotros lo permitimos, nuestra mente es capaz de detener la mismísima mano de Dios y no permitirle cumplir en nuestra vida lo que Él se proponga. Leamos este pasaje bíblico que ilustra muy bien lo que estamos diciendo:

> *Salió Jesús de allí y vino a su tierra, y le seguían sus discípulos. Y llegado el día de reposo, comenzó a enseñar en la sinagoga; y muchos, oyéndole, se admiraban, y*

decían: ¿De dónde tiene este estas cosas? ¿Y qué sabiduría es esta que le es dada, y estos milagros que por sus manos son hechos? ¿No es este el carpintero, hijo de María, hermano de Jacobo, de José, de Judas y de Simón? ¿No están también aquí con nosotros sus hermanas? Y se escandalizaban de él. Mas Jesús les decía: No hay profeta sin honra sino en su propia tierra, y entre sus parientes, y en su casa. Y no pudo hacer allí ningún milagro, salvo que sanó a unos pocos enfermos, poniendo sobre ellos las manos. Y estaba asombrado de la incredulidad de ellos. Y recorría las aldeas de alrededor, enseñando. (Marcos 6:1-6)

La Biblia dice que Jesús, el Todopoderoso, "no pudo hacer allí ningún milagro". El evangelio de Mateo relata la misma historia y dice cuál fue la causa que el Señor no pudo:

Y no hizo allí muchos milagros, ***a causa de la incredulidad*** *de ellos.* (Mateo 13:58)

Nuestra mente es la encargada de producir pensamientos, y los pensamientos tienen un impacto profundo en nuestra vida, y aun en lo que Dios puede hacer por nosotros. Cada pensamiento posee la capacidad de moldear nuestra percepción del mundo, nuestras emociones, incluso nuestras acciones. Cada idea que permitimos en nuestra mente influye en absolutamente todo lo que ocurre en nuestra vida, y termina moldeando nuestro destino. No se puede ver un pensamiento, pero sí la drástica forma en que estos afectan aquello en lo que nos convertimos y, en consecuencia, aquello que logramos. Hay algo que la Biblia dice al respecto:

> *Porque cual es su pensamiento en su corazón, tal es él.*
> (Proverbios 23:7)

NUESTRA MENTE ES LA ENCARGADA DE PRODUCIR PENSAMIENTOS, Y LOS PENSAMIENTOS TIENEN UN IMPACTO PROFUNDO EN NUESTRA VIDA.

Earl Nightingale, en su libro *Nos convertimos en lo que pensamos,* dice: "Nuestra mente es como un jardín: si sembramos semillas de confianza, gratitud y determinación, cosecharemos bienestar y éxito. En cambio, si dejamos que las dudas y el miedo dominen, crecerán obstáculos que nos impedirán avanzar". Y eso fue precisamente lo que les pasó a los hijos de Israel. Sus pensamientos fabricaban quejas, dudas y mucha desconfianza. Descuidaban su mente y se envolvían en conversaciones que les desenfocaban de lo que Dios podía y quería hacer; y como consecuencia, en vez de avanzar hacia la Tierra Prometida, continuaban dando vueltas en aquel desierto. Así de poderosos son los pensamientos, pueden acelerar el cumplimiento de una promesa y también pueden detener por completo su llegada. Por esa razón, Dios habló a Su pueblo en una ocasión a través del profeta Isaías, porque los pensamientos de ellos estaban produciendo miedos y no fe.

> *¿Y de quién te asustaste y temiste, que has faltado a la fe, y no te has acordado de mí, ni te vino al pensamiento?* (Isaías 57:11)

De igual manera, el Señor Jesucristo también le llamó la atención a Su grupo íntimo de discípulos porque sus conversaciones incluían las palabras "no tenemos", y les dijo que esos pensamientos estaban conectados a un nivel de fe muy bajo.

> *Jesús, les dijo: ¿Por qué pensáis dentro de vosotros, hombres de poca fe, que no tenéis pan?* (Mateo 16:8)

RESPONSABILIDAD

Estos pasajes que hemos leído nos dicen algo muy claro: Dios nos responsabiliza por la salud y calidad de nuestros pensamientos. El Señor no cambia nuestra forma de pensar, eso nos toca a nosotros (ver Romanos 12:2). Por supuesto, el Espíritu Santo está siempre allí para guiarnos y ayudarnos, como estaremos aprendiendo en las próximas páginas; pero al final, la responsabilidad de guardar nuestra mente de los malos pensamientos es absolutamente nuestra. Claro está que no podremos evitar que en algún momento lleguen las tentaciones a nuestras vidas. Todos estamos expuestos a vivir situaciones incomodas en las que las dudas y los miedos vendrán a visitarnos; o quizás pasaremos una prueba en la que seremos tentados a quejarnos. Pero es en esos momentos cuando el dominio propio debe utilizarse para no permitir que se aniden esos pensamientos en nuestra cabeza, sino que podamos dominarlos y recordarle a nuestra mente las promesas que Dios nos ha hecho para vencer. La Biblia dice así:

> *Tú guardarás en completa paz a aquel cuyo pensamiento en ti persevera; porque en ti ha confiado.*
>
> (Isaías 26:3)

PRIMERAMENTE

En los cuatro Evangelios que relatan el ministerio de Jesucristo aparecen historias en las que el Señor está enseñándole a las multitudes y a Sus seguidores sobre la importancia de cuidar sus pensamientos. En uno de Sus más famosos sermones, conocido como "El Sermón del Monte", Jesús le estaba enseñando a la audiencia que tuvieran cuidado con el afán y la ansiedad. En Su exposición, el Salvador del mundo dijo que "aquel que cuida de las aves del cielo y de las plantas del campo, también cuidaba de nosotros" (ver Mateo 6:25-32). Lo más poderoso de aquella enseñanza lo encontramos en el verso 33, porque Jesucristo entrega la solución no solamente al afán, la ansiedad y la poca fe; sino que además demuestra cómo podemos hacer para que todo lo que Dios tiene para nosotros se acerque de forma natural.

> *Mas buscad* ***primeramente*** *el reino de Dios y su justicia, y todas estas cosas os serán añadidas.* (Mateo 6:33)

La palabra *primeramente* que se utiliza en Mateo 6:33 contiene una poderosa revelación para ayudarnos a comprender qué es lo que aleja o acerca las promesas de Dios a nuestras vidas. A simple vista pareciera que el Señor nos está hablando de organizar nuestras prioridades. Pero un análisis más profundo nos enseña algo más que eso. El origen de la palabra *primeramente* es el termino griego *protón*. Esa palabra es muy común en el mundo de la química, donde se enseña que los átomos están constituidos por partes pequeñas denominadas partículas subatómicas que incluyen los protones, que son los que contienen la carga positiva; los neutrones, que no tienen ninguna carga; y los electrones, que contienen la carga negativa. Cuando Jesús nos dice que "busquemos primeramente (protón) el reino de Dios", en realidad nos está diciendo que lo hagamos con una mente positiva. En otras palabras, no se trata solo de hablar con Dios, sino de acercarnos a Él con una mentalidad libre de quejas y negatividades. Eso no significa que no podamos desahogarnos en Su presencia cuando nos sentimos decaídos, pero lo que sí nos está diciendo es que para que "todas las cosas nos sean añadidas" nuestra mente tiene que alinearse a las promesas que Dios nos hace, y *no* a las circunstancias que estamos viviendo.

VOLVIENDO AL ORIGINAL

Otra cosa muy interesante sobre la palabra *protón* (primeramente) es que nace del término griego que significa "el primero" o "el original", lo que nos indica que Jesús no solamente nos está diciendo que "busquemos el reino de Dios" con una "mentalidad positiva", también nos está diciendo que lo hagamos con "la mente original". Esto es fácil de reconocer con tan solo separar las dos partes que componen la palabra: *primera-mente*; es decir, al buscar a Dios es importante no permitir que las cosas que la serpiente puso en nosotros (dudas, temores, resentimientos, orgullo, etc.) interfieran. Por eso debemos acudir a "la mente original"; a la inocencia con la que fuimos creados. Estoy convencido que a eso se refería Jesús cuando dijo que "tenemos que volvernos como niños para tener acceso al reino de los cielos" (Mateo 18:3). Leamos este pasaje que nos ayudará a aclarar un poco más el panorama:

> *Él nos salvó, no por nuestras propias obras de justicia, sino por su misericordia. Nos salvó mediante el lavamiento de* ***la regeneración y de la renovación*** *por el Espíritu Santo.* (Tito 3:5, NVI)

LA OBRA DEL ESPÍRITU SANTO

La cita bíblica que acabamos de leer nos dice que la salvación es por gracia, y que para logarlo el Espíritu Santo tuvo que "regenerarnos y renovarnos". La palabra *regeneración* es el término griego *palingenesia,* que significa "recuperación del entendimiento y de la mente". Es el antónimo de la palabra *amnesia,* que significa "pérdida de la mente y la memoria".

El diccionario etimológico dice que *palingenesia* proviene de las raíces griegas *palin,* que significa "otra vez" o "nuevamente", y *génesis,* que significa "origen" o "nacimiento". Entonces, *regenerar* significa literalmente "volver al génesis".

Permíteme tratar de explicar en mis propias palabras todos estos significados. El apóstol Pablo está diciendo en Tito 3:5 que la obra salvadora del Espíritu Santo comienza con el proceso de *regeneración* (*palingenesia*) que es hacernos volver al original. Es devolvernos al estado mental en el que fuimos creados en el Génesis. Y eso es exactamente a lo que también Jesús se refiere al decirnos *primera-mente* (Mateo 6:33), Él quiere que "busquemos el reino de Dios" con "la mente original" (protón), para que "todas las cosas nos sean añadidas" sin que tengamos que afanarnos por buscarlas. Todo esto también coincide con lo que el apóstol Pablo dice en Romanos. Leamos una vez más:

No os conforméis a este siglo, sino transformaos por medio de la renovación de vuestro entendimiento, para que comprobéis cuál sea la buena voluntad de Dios, agradable y perfecta. (Romanos 12:2)

Cuando la mente es transformada y renovada, haciéndola volver al estado original, es decir, una mente limpia e inocente, libre de miedos y de todo mal pensamiento, entonces comenzamos a ver cumplida en nuestra vida "la voluntad de Dios; la cual es buena, agradable y perfecta", y Dios nos "añade todas las cosas" que están prometidas en Su Palabra.

Por supuesto que esto no es algo que se pueda lograr de manera sencilla. De hecho, pienso que no hay forma en que podamos lograrlo por nuestra cuenta, sin la ayuda del Espíritu Santo. Es allí donde está el éxito de un ser humano, en abrirle su corazón al Espíritu Santo para que nos ayude a volver al original (regeneración). Adán, en su estado mental original (inocencia) no tenía que preocuparse de nada; por el contrario, su vida estaba rodeada de todo el bien y el favor de Dios. Su familia era feliz. Su salud era intachable. Todo era paz y felicidad en aquel huerto, porque sus pensamientos no habían sido corrompidos por la serpiente. Ahora la tarea del Espíritu Santo es desintegrar toda mentira y mal pensamiento que nos aleje del estado original en el que fuimos creados y ayudarnos a usar la *primera-mente*. Jesús lo dijo así:

Mas el Consolador, el Espíritu Santo, a quien el Padre enviará en mi nombre, él os enseñará todas las cosas, y os recordará todo lo que yo os he dicho. (Juan 14:26)

TRES CONSEJOS PRÁCTICOS

1. HAZTE AMIGO DEL ESPÍRITU SANTO

Como dijimos antes, lograr llevar nuestra mente a ese estado no es algo que se alcance solamente por méritos humanos, sino que debe hacerse con la intervención del Espíritu Santo. Jesús le llamó "el Consolador" (Juan 14:26), y ese término se traduce del griego *parakletos,* que significa "ayudador". Cuando la relación con Su presencia se vuelve un hábito, muy pronto empezarás a notar que cada vez se hace más fácil identificar Su voz y Su guía tratando de "ayudarte" a pensar en grande, tal y como piensa Dios.

2. LEE, MEDITA Y CONFIESA LA PALABRA DE DIOS

Nunca se apartará de tu boca este libro de la ley, sino que de día y de noche meditarás en él, para que guardes y hagas conforme a todo lo que en él está escrito; porque entonces harás prosperar tu camino, y todo te saldrá bien. (Josué 1:8)

Lo que es el gimnasio para el cuerpo, lo es la lectura y la meditación para nuestra mente. Pasar tiempo con la Santa Biblia debe ser una ley para toda persona que toma en serio la salud mental, porque la Biblia contiene todo el consejo de Dios para nuestra vida, y además tiene el poder regenerador para transformar nuestros pensamientos.

3. HABLA CON DIOS

Encomienda a Jehová tus obras, y tus pensamientos serán afirmados. (Proverbios 16:3)

La oración es la columna vertebral de nuestra relación con Dios. Y es sumamente útil no solamente para expresar nuestras necesidades, sino para consultar con Dios y a su vez ser ministrados por Él. En el pasaje de Proverbios, el sabio Salomón nos dice que al hablar con Dios sucede algo poderoso en nuestros pensamientos: se afirman. Es decir, no hay dudas, ni vacilaciones.

Piénsalo de esta manera: una conversación con la serpiente fue suficiente para desarmar la programación de nuestros padres Adán y Eva; entonces, ¡cuanto más no podrá hacer una conversación con nuestro Padre que está en el cielo! Su dulce y potente voz puede desintegrar y deshacer muchas mentiras que nos tienen limitados y aislados de Sus bendiciones.

Una vez que nuestra relación con el Espíritu Santo cobra vida, el impacto en la mente es visible. Por algo la palabra de Dios dice que "el que anda con sabios, sabio será" (ver Proverbios 13:20). Terminamos pareciéndonos a aquellas personas con las que nos rodeamos; por consiguiente, andar de la mano con el Creador causará una inevitable transformación en nuestros pensamientos y nos ayudará a recuperar nuestra "mentalidad original".

Todo lo que Dios hará con nosotros debe pasar por nuestra mente primero. Por eso es importante permitirle al Espíritu Santo renovar y transformar nuestros pensamientos, para lograr que Su voluntad se cumpla en nosotros. En algunos momentos no será fácil adaptarnos a Su guía, pero los resultados serán maravillosos. De este modo, te convertirás en un testigo más de que una mente tocada por Dios puede ver "mil veces más" en esta tierra.

5

LA ABUNDANCIA

"Nadie se acordaría hoy del buen samaritano si este, además de buenas intenciones, no hubiera tenido dinero".
Margaret Thatcher

Veníamos conduciendo con mi sobrino José Luis (él tenía 17 años de edad en ese momento), y eran cerca de las diez de la noche. A esa hora, un día viernes, hay muchos jóvenes en las calles de la ciudad de Miami. Sucedió que al pasar cerca de un centro comercial, nos pasó por el lado un flamante auto de marca Lamborghini, y su conductor quería asegurarse de que todos notaran que iba pasando por allí. Así es que aceleró e hizo sonar el motor de aquel vehículo, adelantando con asombrosa velocidad y elegancia al resto de los automóviles que íbamos en la carretera. La reacción y el suspiro de mi sobrino fueron suficientes para que yo captara el mensaje, y entre otras cosas me dijo: "Tío, yo quiero ganar suficiente dinero para tener un carro así".

Anécdotas como esta nos enseñan que todos los seres humanos nacemos con esa inclinación natural hacia lo bueno. Todo lo que tienes que hacer es entrar a una tienda y, de inmediato, tus ojos se dirigirán hacia el mejor traje o vestido. Si andas paseando por un barrio, inevitablemente tus ojos se enfocarán en la mejor casa o mansión.

Dentro de cada uno de nosotros existe ese deseo normal de progreso. Todos tenemos una inclinación humana natural para superarnos, y es puesta allí por Dios; o como lo dice de forma jocosa mi buen amigo, el pastor Carlos Ortiz, "así venimos de fabrica". Todo esto comenzó desde la creación. Originalmente, cuando el hombre fue establecido en la tierra, Dios lo puso en lo mejor. No fue el hombre quien decidió vivir allí, fue Dios quien "tomó al hombre" y "lo puso allí". Así lo dice la Biblia:

> *Y Jehová Dios plantó un huerto en Edén, al oriente;* ***y puso allí al hombre que había formado.*** *Y Jehová Dios hizo nacer de la tierra todo árbol delicioso a la vista, y bueno para comer; también el árbol de vida en medio del huerto, y el árbol de la ciencia del bien y del mal. Y salía de Edén un río para regar el huerto, y*

de allí se repartía en cuatro brazos. El nombre del uno era Pisón; este es el que rodea toda la tierra de Havila, donde hay oro; y el oro de aquella tierra es bueno; hay allí también bedelio y ónice. (Génesis 2:8-12)

Tomó, pues, Jehová Dios al hombre, y lo puso en el huerto de Edén, *para que lo labrara y lo guardase.*
(Génesis 2:15)

En Su plan original, Dios quería que el hombre habitara en el mejor lugar de la tierra, y que viviera bien. A Adán y su familia no les faltaba nada; Dios los puso en el lugar "donde hay oro; y el oro de aquella tierra es el más fino". Y fue así como lo primero que experimentó el ser humano en esta tierra fue una exuberante abundancia de riquezas. El ser humano tenía acceso a todo cuanto había sido creado, y a esto debemos añadir que la idea de Dios nunca fue sacar al hombre allí, sino que este extendiera aquel "paraíso" por toda la tierra.

LA CAÍDA

Todo marchaba bien, pero sucedió algo que interrumpió lo que aquella familia estaba viviendo hasta ese momento. El hombre fue engañado, y el enemigo logró desorganizar la mente de aquella impresionante criatura, que tenía la capacidad y autoridad de actuar como el gobernante de la tierra. A causa del engaño, fue alterado negativamente aquel estado de bienestar que la primera familia estaba disfrutando. El hombre conoció por primera vez el temor. Ya no estaba seguro de las cosas que Dios le había dicho originalmente, porque el enemigo había puesto en tela de juicio lo que el Creador le había hablado. Lo peor de todo fue que —como prueba de aquella confusión y engaño— el hombre hizo lo que se le había prohibido. Es así como el hombre peca contra Dios, comiendo lo que Dios había dicho que no comieran y haciendo lo que Dios había dicho que no hicieran. Cabe señalar, que el pecado fue la consecuencia del engaño. El engaño fue primero y luego vino el pecado, y esto fue lo que sacó al hombre de aquel hermoso lugar donde Dios lo había establecido. Acto seguido, Adán, gobernante original de la tierra y representante personal de Dios, es echado fuera del paraíso y comienza una historia diferente a la que originalmente Dios le había otorgado.

LA RESPUESTA

Pero hay algo más en esta historia que debemos señalar, y es que Dios nunca dijo que el hombre no podía regresar a su estado original. Tampoco Dios dijo que Sus planes cambiarían a causa de todo lo que había ocurrido. Sí, los planes de Dios no cambiaron, ni tampoco se cerró el camino de regreso a la posición original en la que fuimos puestos. Lo que sí nos dice la Biblia es que Dios puso querubines que guardaran la entrada de aquel lugar con una espada que se revolvía por todos lados.

Echó, pues, fuera al hombre, y puso al oriente del huerto de Edén querubines, y una espada encendida que se revolvía por todos lados, para guardar el camino del árbol de la vida. (Génesis 3:24)

LOS PLANES DE DIOS NO CAMBIARON, NI TAMPOCO SE CERRÓ EL CAMINO DE REGRESO A LA POSICIÓN ORIGINAL EN LA QUE FUIMOS PUESTOS.

Según el relato de Génesis 3, para que el hombre pueda regresar, debe pasar por "una espada ardiente" que está "dando vueltas por todas partes". Esa espada es la palabra de Dios (ver Efesios 6:17). Pero la espada de Dios es muy distinta a toda otra fabricada por el hombre. Porque las que son hechas por la raza humana hieren el cuerpo, hacen sangrar, causan dolor y quitan la vida. Además, necesitan ser operadas por otra persona cuyas intenciones son principalmente causar daño. Pero la espada de Dios hace todo lo contrario. Leamos:

Porque la palabra de Dios tiene vida y poder. Es más cortante que cualquier espada de dos filos, y penetra hasta lo más profundo del alma y del espíritu, hasta lo más íntimo de la persona; y somete a juicio los pensamientos y las intenciones del corazón. (Hebreos 4:12, DHH)

La espada de Dios es, primeramente, viva y poderosa. Cuando penetra, lo hace para llegar a las profundidades del alma y del espíritu de las personas, porque es la única forma de someter los pensamientos y las intenciones del corazón. Dicho de otra forma, la palabra de Dios nunca llega con la intención de destruir a las personas, sino de transformar sus pensamientos y causar un cambio radical y permanente es sus vidas. Cuando una persona trata de cambiar por su propia cuenta, se enfrenta a una resistencia muy difícil de vencer. Esa oposición nace de lo más profundo de su ser, que es su propia mente y corazón. Por esa causa no se logran consolidar esos cambios de manera permanente; pero cuando la transformación es causada por la palabra de Dios, los resultados son perpetuos y trascendentales y comienzan en lo más profundo del ser, esto es, el alma y el espíritu.

Una vez que la espada de Dios (Su Palabra) produce la transformación del alma (donde se anidan los pensamientos), entonces el hombre puede regresar a su posición original. Dios no ha cancelado el plan. Él quiere que Sus hijos disfruten la abundancia de bendiciones que fueron destinadas para todos. El acceso no nos ha sido negado, solamente que se ha puesto una condición. Y esa condición es pasar por "la espada".

MÁS QUE UNA PROMESA

Bíblicamente hablando, no existe razón alguna por la cual no podamos tener acceso a la posición espiritual y material que Dios planeó desde el principio para nosotros. Nuestro Padre Celestial lo dejó por escrito para que nosotros sepamos que Su voluntad no ha cambiado. Él quiere que nosotros vivamos en esa posición. Y cuando quiso expresar Su voluntad en el tema, no bastó solamente con prometerlo, Dios hizo "un juramento". La Biblia dice:

> *Porque cuando Dios hizo la promesa a Abraham, no pudiendo jurar por otro mayor,* ***juró por sí mismo, diciendo: De cierto te bendeciré con abundancia*** *y te multiplicaré grandemente.* (Hebreos 6:13-14)

¡Absolutamente impresionante! Dios no quiso dejar ninguna duda. Él manifestó Su voluntad y "juró por sí mismo" (debido a que no hay nadie más grande por quien jurar). El Padre comprometió Su santidad e integridad con un juramento para despejar cualquier incertidumbre o malentendido. A partir de ese alto compromiso divino, ya no hay por qué conformarse con menos. La bendición del Todopoderoso nos acompaña.

Todos alguna vez nos hemos preguntado, ¿entonces por qué mi familia no ha logrado ver abundancia? ¿Por qué mi empresa no está produciendo lo suficiente? ¿Por qué mis metas no se están cumpliendo? Y la respuesta es sencilla: necesitamos ser transformados por "la espada que da vueltas". Debemos someternos a los principios de la palabra de Dios para ver Su juramento cumplirse.

Cada ser humano debe sentirse responsable de tener ese encuentro con la espada de Dios y descubrir la ruta que nos lleva a cada uno de nosotros al lugar donde Dios siempre pretendió tenernos. Esa ruta fue establecida por Dios en Su Palabra. Allí se encuentran los principios que nos llevan a vivir en Su Voluntad y disfrutar de los resultados. Veamos algunos de esos principios:

1. VOLVER A DIOS

Volver a Dios es, sin lugar a duda, el primer paso para recuperar nuestra posición original. Hay que reconocer que al igual que le pasó a Adán y a su familia, el alejarnos del Padre nos ha destituido de todo lo bueno que Él nos da; pero cuando nuestra relación con Dios es restaurada, los beneficios no se hacen esperar. La Biblia dice así:

> *Si te volvieres al Omnipotente, serás edificado; alejarás de tu tienda la aflicción; tendrás más oro que tierra, y como piedras de arroyos oro de Ofir; el Todopoderoso será tu defensa, y tendrás plata en abundancia.*
>
> (Job 22:23-25)

2. LA OBEDIENCIA

Esta es una de las llaves más poderosas para ver cumplidas todas las promesas de Dios en nuestras vidas. Cuando nos sometemos a Su Palabra, al igual que cualquier padre terrenal, el Padre Celestial se deleita en recompensar nuestra obediencia con bendiciones; siendo una de ellas la abundancia.

> *Y tú volverás, y oirás la voz de Jehová, y pondrás por obra todos sus mandamientos que yo te ordeno hoy. Y* ***te hará Jehová tu Dios abundar*** *en toda obra de tus manos, en el fruto de tu vientre, en el fruto de tu bestia, y en el fruto de tu tierra, para bien; porque Jehová volverá a gozarse sobre ti para bien, de la manera que se gozó sobre tus padres,* ***cuando obedecieres*** *a la voz de Jehová tu Dios, para guardar sus mandamientos y sus estatutos escritos en este libro de la ley; cuando te convirtieres a Jehová tu Dios con todo tu corazón y con toda tu alma.* (Deuteronomio 30:8-10)

3. LA HONRA

Este principio es fundamental, porque Dios no acepta otro lugar que no sea el primero en nuestras vidas. El principio más efectivo para que mantengamos nuestras prioridades en orden es la honra a Dios. No hay otra manera de mantener en orden las cosas, si no ponemos lo principal en primer lugar. Tal y como escribí en el libro *El **hábito** ganador*:

> "Si revisamos la historia de Adán y Eva, encontraremos que lo que los mantuvo dentro de aquel paraíso fue cumplir con un principio llamado honra. Es decir, mientras ellos honraron a Dios obedeciéndole

y dándole el primer lugar, los beneficios estuvieron presentes. Todo marchaba bien, mientras su prioridad era honrar a Dios. Pero cuando deshonraron al Creador, todos aquellos beneficios desaparecieron. Y esto nos lleva a una poderosa conclusión: el camino para recuperar lo que Dios nos ofrece es devolverle a Él lo que le pertenece. Dicho de otra manera: si le damos a Dios lo que Él nos pide, tendremos como consecuencia lo que Él nos promete".

Y en la Biblia lo encontramos así:

Honra a Jehová con tus bienes, y con las primicias de todos tus frutos; ***y serán llenos tus graneros con abundancia,*** *y tus lagares rebosarán de mosto.*

(Proverbios 3:9-10)

EL CAMINO PARA RECUPERAR LO QUE DIOS NOS OFRECE ES DEVOLVERLE A ÉL LO QUE LE PERTENECE.

---

4. LOS DIEZMOS Y LAS OFRENDAS

Tanto el diezmo como la ofrenda están íntimamente conectados al principio anterior, que es la honra; porque tienen que ver con prioridades y no solamente con dinero.

La persona que piense que diezmar u ofrendar es un asunto financiero, todavía no ha leído bien su Biblia. Darle a Dios es mucho más que hacer donaciones a una iglesia; es más bien mostrar disciplina en las prioridades que gobiernan nuestra vida. Es aprender a depender de la bondad y la bendición de nuestro Señor y Salvador. Es tanto así, que cuando Dios nos desafía a diezmar nos dice: "Probadme".

> *Traed todos los diezmos al alfolí y haya alimento en mi casa; y probadme ahora en esto, dice Jehová de los ejércitos, si no os abriré las ventanas de los cielos, y derramaré sobre vosotros bendición hasta que* ***sobreabunde****.*
>
> (Malaquías 3:10)

Y en cuanto a la ofrenda, dice:

> *Y el sumo sacerdote Azarías, de la casa de Sadoc, le contestó: Desde que comenzaron a traer las ofrendas a la casa de Jehová, hemos comido y nos hemos saciado,* ***y nos ha sobrado mucho, porque Jehová ha bendecido a su pueblo; y ha quedado esta abundancia*** *de provisiones.* (2 Crónicas 31:10)

5. PENSAR BIEN

No es posible ir más allá de lo que pensamos, y lo contrario también es verdad. Nuestra vida es un resultado de lo que nuestra mente produce. Esta es la principal razón por la que El Espíritu Santo quiere guiar y gobernar nuestra vida, para ayudarnos a pensar según la voluntad de Dios. Donde hay buenos pensamientos siempre habrá abundancia.

> *Los pensamientos del diligente ciertamente tienden a la abundancia; mas todo el que se apresura alocadamente, de cierto va a la pobreza.* (Proverbios 21:5)

LA ABUNDANCIA ES PARA TODOS

En una ocasión, mi bella esposa y yo, estábamos entregando una conferencia llamada "Transformación y salud financiera", en la ciudad de Santiago, en Chile. Al concluir la charla se nos acercó un joven y nos dijo:

—Pastores, ¿puedo hacerles una pregunta?

—Por supuesto, **¿cómo podemos ayudarte?**

—¿Es la abundancia para todos?

Según pude interpretar, por la mirada profunda y sincera de aquel joven, su pregunta no estaba dirigida a nosotros. Es decir, él no estaba buscando solamente nuestra opinión, sino que quería saber lo que decía Dios al respecto. Seguramente aquel joven estaba tratando de romper paradigmas en su mente. Él quería terminar de convencerse que la escasez y el atraso financiero no eran parte del plan divino para él y su familia. La respuesta que le dimos a aquel joven lo dejó bastante motivado. Le compartí el siguiente pasaje de la Biblia:

> *Las riquezas y la gloria proceden de ti [Dios], y tú dominas sobre todo; en tu mano está la fuerza y el poder, y en tu mano el hacer grande y el dar poder* ***a todos.***
>
> (1 Crónicas 29:12)

Debo confesar que yo también me había hecho esa misma pregunta muchas veces en mi temprana juventud. La verdad, no me hacía sentir bien el hecho de ver por un lado lo que dice la Biblia, y por otro ver las necesidades que pasan muchas personas. Hasta que un día, leyendo la Biblia me encontré con este pasaje en 1 Crónicas 29:12 y entendí que Dios no solamente quiere que a "todos" nos vaya bien, sino que en "Su mano está la fuerza y el poder para hacerlo con todos". Al no conocer estas verdades, mucha gente está sentenciada a vivir lo contrario. Sin embargo, cuando nos encontramos con "la espada de Dios", esto nos ayuda a alinear nuestros pensamientos con las promesas divinas y nos empodera para lograr "mil veces más".

INCREMENTO DE NUESTRAS CAPACIDADES

La sociedad moderna está demasiado plagada de materialismo, y eso hace que las personas vivan con sus prioridades desorganizadas. A veces tratan de lograr la prosperidad en sus vidas antes de tiempo. Dios establece que la prosperidad es algo que debe llegar en la medida en que "nuestra alma sea prosperada" (ver 3 Juan 1:2). El alma es ese lugar donde está la memoria, es donde almacenamos recuerdos y también conocimientos. Por eso es que lo correcto sería asegurarnos de haber traído prosperidad al alma primero. Si una persona estudia e incrementa sus conocimientos financieros, haciendo prosperar su alma, de seguro la prosperidad financiera será algo fácil de lograr. Así, cuando esta llegue, la persona tendrá la habilidad de manejarla para su bien. No solo sabrá cómo administrarla, sino también cómo aumentarla y multiplicarla.

Alterar ese orden establecido es un riesgo muy alto que trae consigo consecuencias (ver 1 Timoteo 6:6-10). El orden es sencillo, el crecimiento en los conocimientos financieros y la madurez interna deben ir de la mano con el progreso que alcance una persona. Asimismo, Dios espera nuestra madurez para entregarnos recursos. La famosa parábola de los talentos comienza diciendo así:

> *Porque el reino de los cielos es como un hombre que yéndose lejos, llamó a sus siervos y les entregó sus bienes. A uno dio cinco talentos, y a otro dos, y a otro uno, a cada uno conforme a su capacidad; y luego se fue lejos.*
>
> (Mateo 25:14-15)

Notemos este detalle sobre la forma en que Dios da: "conforme a su capacidad". Son nuestras capacidades las que determinan cuánto nos da el Señor. Ninguna oración puede violar ese principio. No es que la oración no tenga poder; lo tiene, y "mucho"; pero jamás podrá, por muy eficaz y poderosa que sea, "manipular" a Dios para que Él mismo no cumpla con lo establecido. He aprendido que la oración no debería usarse para pedir finanzas, sino para pedirle a Dios dirección y sabiduría para incrementar nuestra capacidad de manejar las finanzas. Eso fue lo que hizo Salomón, y por eso Dios lo enriqueció tanto, porque supo respetar el orden establecido: primero la capacidad y después lo demás. En otras palabras, es bueno que cada ser humano acepte que "todo tiene su tiempo". Cuando hablamos de niveles de riqueza, es bueno saber que en la medida que usemos el tiempo para prepararnos para administrar las finanzas, en esa misma medida incrementará también el nivel de riqueza que alcancemos.

LA ORACIÓN NO DEBERÍA USARSE PARA PEDIR FINANZAS, SINO PARA PEDIRLE A DIOS DIRECCIÓN Y SABIDURÍA PARA INCREMENTAR NUESTRA CAPACIDAD DE MANEJAR LAS FINANZAS.

EL CASO DEL HIJO PRÓDIGO

La parábola del hijo pródigo, narrada por nuestro Señor Jesucristo en Lucas 15:11-24) ilustra muy bien lo que estoy diciendo. Jesús contó que había un hombre que tenía dos hijos, y el menor le pidió la parte que le correspondía de su herencia personal en aquel negocio de familia. En otras palabras, retiró sus acciones de la empresa. Una vez que tuvo el dinero en la mano, el muchacho desperdició el dinero viviendo perdidamente. Como consecuencia, aquel joven terminó perdiéndolo todo, llegó a pasar hambre y a vivir en un criadero de cerdos.

En esta historia sobresale el peligro de la abundancia. No es que sea mala en sí, pero muchos, al igual que el hijo pródigo, no están preparados emocional, espiritual o administrativamente para recibirla. Dios desea dar abundancia a Sus hijos; pero nosotros somos responsables de procurar la madurez y desarrollar nuestras habilidades financieras antes de recibirla. De esta forma, cuando la abundancia llegue a nuestras manos, será para bendición.

Recuerda que el Creador tiene el poder para hacerlo con "todos" (1 Crónicas 29:12), y hay un juramento de por medio (Hebreos 6:13-14). Entonces, lo que nos resta apropiarnos de estas verdades y prepararnos para ver a Dios hacer "mil veces más" en nuestras vidas. No podemos conformarnos con menos, más bien tenemos que ser determinados e intencionales en alcanzar todo lo que el Señor ha planeado para nosotros.

6

PODER PARA HACER RIQUEZAS

"La única diferencia entre una persona rica y una persona pobre es lo que hacen en su tiempo libre. Lo que hagas después del trabajo con tu salario y tu tiempo libre determinará tu futuro".
Robert Kiyosaki

Mi amada esposa y yo tenemos el privilegio de viajar por muchos lugares enseñando seminarios de "Salud y transformación financiera". Y una de las primeras cosas que hacemos en nuestras charlas es decirles a las personas que el dinero no es lo más importante en la vida. Nos hemos dado cuenta de lo esencial que es establecer que hay cosas que son mucho más primordiales que tener o ganar dinero. Sin embargo, una vez aclarado el tema, procedemos a explicar la contraparte. Y es que el dinero tiene una curiosa forma de conectarse con todas las cosas que son vitales e importantes; así como el cuidado de la salud, el sostenimiento de la familia, el descanso, los estudios, las donaciones que hacemos para honrar a Dios y muchas otras cosas que son no solamente importantes, sino vitales para la supervivencia. Y es esta contraparte la que despierta la necesidad de hablar del dinero y los principios que nos llevan a multiplicarlo. Porque aunque el dinero no es lo más importante en la vida, sin embargo sabemos que nos ayuda a sostener todo lo que sí es verdaderamente significativo para nosotros.

Desde la perspectiva Divina, el dinero ocupa una posición sobresaliente. La Biblia, que es el libro más leído en el mundo, y además el escrito más respetado en la historia de la humanidad, habla del tema dinero muchísimas veces. De hecho, encontramos más menciones en la Biblia sobre el dinero que de la oración, o del cielo, o de la sanidad. Por supuesto que ese dato no minimiza en absoluto la importancia de los otros temas fundamentales para la fe cristiana. Sin embargo, lo que sí hace ese dato es realzar la importancia que le da Dios a la prosperidad financiera.

> *Amado, yo deseo que tú seas prosperado en todas las cosas, y que tengas salud, así como prospera tu alma.*
>
> (3 Juan 1:2)

Así como un padre desea el bien para sus hijos, Dios, que es nuestro Padre celestial, también desea lo mejor para nosotros. Y por eso nos envió a esta tierra equipados para triunfar. Él nos dio dones, talentos y capacidades extraordinarias que nos dejan listos para lograr el éxito en todas las áreas. Somos capaces de producir, multiplicar, engendrar y crecer. Fuimos creados como seres que pueden visualizar proyectos y realizarlos. Todo eso significa que lo más natural que debe ocurrir en la vida de un hijo de Dios es el progreso. En ningún momento la necesidad, la escasez o las deudas fueron parte del plan original de Dios para la raza humana; sino todo lo contrario. Como aprendimos en el capítulo anterior, nuestros primeros padres, Adán y Eva, experimentaron prosperidad extrema en todas las áreas; y lo que ellos vivieron era un prototipo de lo que todo hijo de Dios debe experimentar.

La buena noticia es que el plan divino no ha cambiado. La determinación de Dios por ver a Sus hijos triunfar sigue en pie. Y como ejemplo de eso se encuentra la historia de los judíos y su jornada a la tierra prometida. El relato bíblico nos dice que mientras ellos estaban en Egipto fueron oprimidos y abusados con trabajos duros, llegando al punto de convertirse en esclavos de los egipcios por más de cuatro siglos. Todo ese tiempo vivieron en condiciones muy precarias y bajo un régimen de explotación severa. Fue entonces que Dios, en Su infinito amor por Sus hijos, envió a Moisés para sacarlos de esa situación y llevarlos a la Tierra

Prometida. Allí toda aquella calamidad iba a cambiar para siempre, porque el Señor los iba a bendecir y prosperar en todo. Cuando ya estaban a punto de llegar a su destino, se les entregó un recordatorio con la frase recurrente en el título de este capítulo. Leamos:

> *Sino acuérdate de Jehová tu Dios, porque él te da el* ***poder para hacer las riquezas****, a fin de confirmar su pacto que juró a tus padres, como en este día.*
>
> (Deuteronomio 8:18)

Este recordatorio que hace el caudillo Moisés a todo el pueblo de Dios llega en un momento crucial. Ese momento es cuando ellos estaban a punto de entrar a la Tierra Prometida. Habían estado caminando en el desierto por más de cuarenta años con la esperanza de un mejor futuro, y eso estaba a punto de cambiar. Dios quería asegurarse de que ellos entendían que al cruzar el Jordán (rio que divide el desierto y la Tierra Prometida) y entrar al territorio que iban a conquistar, su condición financiera iba a pasar de un extremo a otro. Aún más importante es que Dios estaba tan comprometido con ayudarles que les dijo que les daría poder para garantizar todo tipo de riquezas en su nueva habitación.

EL PODER

Todo lo que existe en este planeta tiene una causa. Es decir, las cosas han sido creadas por algo mucho más poderoso.

Todo resultado tiene una procedencia y todo producto tiene un origen. La prosperidad, las riquezas y el éxito son un producto. Las causas de este producto son las leyes que Dios estableció para Sus hijos en Su Palabra. Estas leyes no son ningún secreto. El Creador las dejó por escrito en Su Palabra para que todos tengamos acceso a ellas. Al conjunto de estas leyes se les llama "el poder para hacer riquezas".

Es de suma importancia que comprendamos que el poder del que nos habla la Biblia en Deuteronomio 8:18 no se refiere a algo "mágico". A las leyes o principios que producen las riquezas se les da el nombre de "poder", por la capacidad que tienen de causar el efecto apropiado cada vez que alguien los pone en práctica. Cuando alguien aplica dichas leyes, independientemente de su raza, o condición, siempre obtendrá los resultados que ya fueron establecidos por el mismo Dios, quien es el Autor de esas leyes.

Esto nos dice que el éxito o la prosperidad no llegan solamente porque lo queremos o deseamos. Ni siquiera porque Dios quiere o desee prosperarnos. El éxito llega porque alguien obedece las leyes y automáticamente echa a andar el mecanismo que produce los resultados. Al igual que cuando una semilla se planta en la tierra, y de inmediato se inicia un proceso inevitable de crecimiento, de la misma forma funcionan estas leyes preestablecidas en la Palabra de Dios. Al obedecerlas, vivimos de forma natural el efecto de haberlas puesto en marcha. Por eso, el Señor le dijo a Josué, tres días antes de entrar a la Tierra Prometida, las siguientes palabras:

> *Solamente esfuérzate y sé muy valiente, para cuidar de hacer conforme a toda la ley que mi siervo Moisés te mandó; no te apartes de ella ni a diestra ni a siniestra, para que seas prosperado en todas las cosas que emprendas.* (Josué 1:7)

LEYES PARA HACER RIQUEZAS

LEY # 1: UNA PODEROSA RELACIÓN DIOS

> *Las riquezas y la gloria proceden de ti, y tú dominas sobre todo; en tu mano está la fuerza y el poder, y en tu mano el hacer grande y el dar poder a todos.*
> (1 Crónicas 29:12)

La ley número uno para hacer riquezas en la vida es tener una sana y consistente relación con Dios. Por alguna razón, la Biblia presenta al Creador como el dueño del oro y la plata del mundo (ver Hageo 2:8). Nuestros padres, Adán y Evan, caminaban sobre oro fino mientras su relación con Dios se mantuvo (Génesis 2:11).

Este mundo en el que vivimos fue creado por Dios, y todo fue hecho intencionalmente para que funcionara con Dios como el centro de todo. Ya sea una familia, una empresa, un ministerio o una nación, todo funciona mientras la relación con el Creador funcione. El pasaje de 1 Crónicas 29:12 dice claramente que las riquezas proceden de Él. Pero no es el único pasaje que enseña eso.

> *Bienaventurado* ***el hombre que teme a Jehová,*** *y en sus mandamientos se deleita en gran manera. Su descendencia será poderosa en la tierra; la generación de los rectos será bendita. Bienes y* ***riquezas hay en su casa,*** *y su justicia permanece para siempre.* (Salmos 112:1-3)

> *Si te volvieres al Omnipotente, serás edificado; alejarás de tu tienda la aflicción;* ***tendrás más oro que tierra,*** *y como piedras de arroyos oro de Ofir; el Todopoderoso será tu defensa, y* ***tendrás plata en abundancia.***
> (Job 22:23-25)

Con esto no digo que hay que usar a Dios como si fuese un amuleto de buena suerte para hacer riquezas. ¡Por supuesto que no! Lo que estoy estableciendo es que cuando la relación con Él es saludable, de forma natural las cosas caminan en buena dirección. La Biblia está llena de historias en las que cada vez que el pueblo de Dios se volvía a Él, las cosas marchaban bien. Ese fue el caso de Israel, la Biblia dice que clamaron a Dios en su angustia, y Él los sacó de la aflicción (Salmos 107:4-6).

LEY # 2: LA FIDELIDAD

Su señor le dijo: Bien, buen siervo y fiel; sobre poco has sido fiel, sobre mucho te pondré; entra en el gozo de tu señor. (Mateo 25:23)

La fidelidad es un atributo indispensable para hacer riquezas, porque es lo que determina cuánta confianza podemos generar en las personas que trabajan con, para y por nosotros.

Toda institución financiera con la que queramos establecer vínculos y hacer negocios le echará primero un vistazo a la fidelidad antes de hacerlo a cualquier otra área. Y, además, la reputación que generamos como individuos o empresa es la clave para hacer crecer el salario o los clientes que tengamos.

Del pasaje de Mateo aprendemos cinco cosas importantes:

1. La fidelidad se hace notar en los momentos donde hay poco.
2. No se llega a mucho sin antes ser probados con poco.
3. Fidelidad no tiene que ver con cuánto tenemos, sino con cómo lo manejamos.

4. Lo poco en la mano de un fiel está destinado a convertirse en mucho.
5. Fidelidad es hacer lo que Dios espera con lo que Él nos da.

La fidelidad es la que dicta cómo administramos lo que tenemos, ya sea poco o sea mucho. Tiene que ver con la sobriedad que se expresa a la hora de hacer decisiones, y con el dominio propio para evitar excesos y abusos. La fidelidad nos mantiene apegados a nuestros valores. La gente fiel muestra carácter para evitar desviarse de las metas y cumplir con los compromisos sin demoras. Una persona fiel tendrá la semblanza de José, el patriarca hijo de Jacob. Él recibió un sueño de parte de Dios, pero fue hasta que mostró lealtad a Dios y a los que sirvió, que vio cumplida la visión. Y aunque comenzó con poco (siendo esclavo), llegó a tener mucho y pudo escalar a niveles sumamente altos, hasta llegar a convertirse en el gobernador de la tierra (Génesis 42:6).

LEY # 3. LA DILIGENCIA

La mano negligente empobrece; mas la mano de los diligentes ***enriquece****.* (Proverbios 10:4)

El éxito tiene un precio, y se llama trabajo. Como dice J. R. Román en su libro *Motivando a nuestra gente*: "El precio del éxito se paga por adelantado y al contado, y se paga trabajando". No conozco a nadie que haya tenido éxito sin diligencia. Según la Biblia, esta es una de "las leyes" que hace que la gente produzca riquezas. Lo opuesto a la diligencia es la pereza, y la Palabra de Dios es muy clara en cuanto a las consecuencias del perezoso.

> *Perezoso, ¿hasta cuándo has de dormir? ¿Cuándo te levantarás de tu sueño? Un poco de sueño, un poco de dormitar, y cruzar por un poco las manos para reposo; así vendrá tu necesidad como caminante, y tu pobreza como hombre armado.* (Proverbios 6:9-11)

La gente diligente tiene tres características:

PIENSAN EN GRANDE

> *Los pensamientos del diligente ciertamente tienden a la abundancia; mas todo el que se apresura alocadamente, de cierto va a la pobreza.* (Proverbios 21:5)

Ser diligente no es solo trabajar fuerte, sino hacerlo con la inteligencia necesaria y con pensamientos de grandeza.

TERMINAN LO QUE COMIENZAN

> *El indolente ni aun asará lo que ha cazado; pero haber precioso del hombre es la diligencia.* (Proverbios 12:27)

El diligente no deja nada por la mitad, si "caza" también "asa".

APROVECHAN BIEN EL TIEMPO

> *Mirad, pues, con diligencia cómo andéis, no como necios sino como sabios, aprovechando bien el tiempo, porque los días son malos.* (Efesios 5:15-16)

El tiempo es la materia prima más importante. Tiago Brunet, en su libro *Descubre el mayor poder del mundo*, dice: "Hay una valiosa moneda que 'compra' todos los poderes existentes. Y como dije, esta moneda está disponible para ricos y pobres, porque no es dólar, euro, real, oro, ni bitcoin. Esta valiosa moneda se llama tiempo… Tal vez hasta este momento no tenías idea del secreto oculto en la rutina de las personas exitosas, pues ahora te lo revelo: utilizan la moneda tiempo estratégicamente. El tiempo tiene más valor que cualquier otra moneda". Y tiene mucha razón, todo lo que hemos logrado en la vida ha sido gracias a la forma en que hemos utilizado el tiempo. De igual manera, todo lo que lograremos a partir de este momento está determinado por cómo administraremos este precioso recurso. Alguien dijo que "el tiempo vale más que el dinero, porque si perdemos dinero podemos recuperarlo con el tiempo, pero nunca compraremos más tiempo con dinero".

LEY # 4: SABIDURÍA

> *Bienaventurado el hombre que halla la sabiduría, y que obtiene la inteligencia; porque su ganancia es mejor que la ganancia de la plata, y sus frutos más que el oro fino. Más preciosa es que las piedras preciosas; y todo lo que puedes desear, no se puede comparar a ella. Largura de días está en su mano derecha; en su izquierda,* ***riquezas*** *y honra.* (Proverbios 3:13-16)

Intencionalmente quise poner la sabiduría al final de la lista por dos razones. Una, porque el siguiente capítulo es una continuación de esta "ley". Y, segunda, para poder concluir este capítulo con la historia del hombre que más riquezas ha producido en esta tierra, al punto que nadie podrá duplicar su récord (ver 2 Crónicas 1:12). Este hombre es el rey Salomón. Sus comienzos no fueron los mejores, porque nació en medio de un escándalo real, y además fue el último de todos los hijos del rey David. Solamente estos datos hubiesen sido suficientes para que no calificara para sentarse en el trono de Israel. Lo curioso es que además de eso, su mismo padre, el rey David, reconoció que su hijo no estaba listo para tal desafío.

Todos los hijos del rey David fueron conocidos por destrezas asombrosas, pero en el caso de Salomón, además de ser el más pequeño, no gozaba de habilidades extraordinarias; y aún peor, ni siquiera las necesarias para ocupar el trono. En la Biblia quedaron registradas las palabras de su padre:

> *Entonces dijo David: "Mi hijo Salomón* ***es joven e inmaduro****, y la casa que se ha de edificar al Señor ha de ser grande y sublime, para renombre y gloria en todos los países. Yo, pues, haré los preparativos para él". Y antes de su muerte David hizo muchísimos preparativos.*
> (1 Crónicas 22:5, RVA-2015)

> *Después el rey David dijo a toda la congregación: "Solo a mi hijo Salomón ha elegido Dios.* **Él es joven e inmaduro***, y la obra es grande; porque el templo no será para hombre sino para el Señor Dios.*
> (1 Crónicas 29:1, RVA-2015)

Salomón no fue escogido por ser el mejor, ni por ser el mayor, como usualmente se hacía en aquellos tiempos; por el contrario, era el menor de todos sus hermanos y además era "joven e inmaduro". La palabra *joven* en hebreo es la palabra *naar,* y significa "adolescente, que le falta preparación". Y la palabra "inmaduro" en hebreo es *rak,* y significa "débil, frágil".

Entonces, tenemos a un muchacho que nace de una relación que no tuvo un buen comienzo. Además, no tiene la preparación necesaria, es inmaduro, no tiene el reconocimiento que tienen sus hermanos y es el menor de todos; pero, por encima de todas esas limitantes, Dios lo escoge para ser rey; y cuando llega al trono, tiene el reto de construir un majestuoso templo y gobernar la nación.

La historia bíblica relata que una vez inaugurado su reinado, Salomón, al verse ante tan mayúsculo desafío, convocó a su equipo y se fue al monte llamado Gabaón, llevando consigo mil holocaustos para ofrecérselos a Dios. Lo que pasa a continuación es sorprendente.

> *Subió, pues, Salomón allá delante de Jehová, al altar de bronce que estaba en el tabernáculo de reunión, y ofreció sobre él mil holocaustos. Y aquella noche apareció Dios a Salomón y le dijo: Pídeme lo que quieras que yo te dé. Y Salomón dijo a Dios: Tú has tenido con David mi padre gran misericordia, y a mí me has puesto por rey en lugar suyo. Confírmese pues, ahora, oh Jehová Dios, tu palabra dada a David mi padre; porque tú me has puesto por rey sobre un pueblo numeroso como el polvo de la tierra.* ***Dame ahora sabiduría*** *y ciencia, para presentarme delante de este pueblo; porque ¿quién podrá gobernar a este tu pueblo tan grande? Y dijo Dios a Salomón: Por cuanto hubo esto en tu corazón, y no pediste riquezas, bienes o gloria, ni la vida de los que te quieren mal, ni pediste muchos días, sino que has pedido para ti sabiduría y ciencia para gobernar a mi pueblo, sobre el cual te he puesto por rey,* ***sabiduría y ciencia te son dadas; y también te daré riquezas, bienes y gloria****, como nunca tuvieron los reyes que han sido antes de ti, ni tendrán los que vengan después de ti.* (2 Crónicas 1:6-12)

Aquella petición que hizo Salomón fue un impresionante detonador de "riquezas". El hijo de David agradó a Dios con su petición, y gracias a eso pudo ver "mil veces más" de lo que se hubiera imaginado. Quiero que por un momento te ubiques en la escena en que Salomón está subiendo aquella montaña, y en todos los pensamientos a los que probablemente te tienes que enfrentar:

- No calificas.
- Eres muy joven.
- No eres capaz.
- Eres débil.
- Eres frágil.
- Tus hermanos son mejores.
- Tus padres le fallaron a Dios.

Y un largo etcétera. Sin embargo, la determinación con la que el joven Salomón subió era mucho más grande que todos los ataques mentales que estaría enfrentando. Y una vez allá, no dejó pasar la oportunidad.

> *Y si alguno de vosotros tiene falta de sabiduría, pídala a Dios, el cual da a todos abundantemente y sin reproche, y le será dada.* (Santiago 1:5)

Como aprenderemos en el capítulo final, Salomón vio y vivió las consecuencias de haber puesto en marcha esta "ley". Su prosperidad ha sido tan grande, que aún después de más de cuatro mil años, en todo el planeta se sigue contando su historia.

Es importante recalcar que todos podemos llegar a alcanzar mejores niveles de prosperidad de lo que hemos visto hasta ahora, porque el poder para hacer riquezas está disponible para todos, y las leyes que garantizan eso son universales. Es decir, aplican para toda época y para toda persona.

Todos podemos:

1. Mejorar nuestra relación con Dios.
2. Ser fieles en el manejo de lo que se nos ha dado.
3. Ser diligentes en nuestras asignaciones.
4. Y pedir sabiduría.

Si estas leyes están a tu alcance, significa que se te ha dado "el poder para hacer riquezas". Tú puedes ser "mil veces más" de lo que ahora eres. Tu familia puede vivir mejor de lo que ahora vive. Entonces, no hay tiempo que perder, empieza hoy mismo a poner en marcha estos poderosos principios y determina ser el próximo testimonio que ayude a otros a salir de su desierto y entrar a su tierra prometida.

7

SABIDURÍA FINANCIERA

"No todo aquel que tiene dinero tiene sabiduría, pero, sin duda alguna, todo el que tiene sabiduría también tiene o llegará a tener dinero. En otras palabras, la prosperidad financiera no necesariamente es una evidencia de sabiduría, pero la sabiduría si es una evidencia de que hay o habrá muy pronto prosperidad financiera".
Noemí Simpson

Una de las introducciones que más disfruto hacer en nuestros seminarios de "Transformación y salud financiera" es cuando empiezo haciéndole la siguiente pregunta a la audiencia: ¿Por qué quiere usted volverse financieramente próspero? Las respuestas son muchas, y me llevaría varias páginas de este libro si las tuviese que decir todas. Aquí comparto cuales son las más comunes:

- Porque quiero ayudar a toda mi familia.
- Porque quiero ayudar a mi iglesia.
- Porque quiero levantar un orfanato.
- Porque me gustaría levantar un hospital donde las personas de bajos recursos no tengan que pagar.
- Porque le quiero dar de comer a todos los niños pobres del mundo.
- Porque quiero construir casas para los menos afortunados.

Y así, muchas repuestas parecidas son las que casi siempre se dejan oír. Tengo la plena seguridad de que todas estas excelentes afirmaciones son genuinas. Sin embargo, mi intención al hacer esa pregunta es conseguir que las mentes se abran y descubran que la respuesta que le demos a esa pregunta será "el combustible" que nos ayudará a tener éxito en el proyecto. Por eso es de suma importancia que esa respuesta tenga el suficiente fundamento para impulsarnos y llevarnos a hacer el sueño realidad.

Después de felicitarlos por sus respuestas, les pido permiso para regalarles una respuesta más que puede añadirse a la lista (aunque pienso que debe ser la principal de todas). Entonces, la pregunta y la respuesta quedan así:

—¿Por qué quiere usted volverse financieramente prospero?

—Porque esa es la voluntad de Dios para mi vida.

Al oír esas palabras, las personas abren los ojos a manera de asombro y parecieran decir en silencio: "Nunca lo había pensado". Mucha gente no logra ver a Dios en su mundo financiero, piensan que Dios no tiene nada que ver con sus finanzas. Pero cuando leemos la Biblia descubrimos que es literalmente imposible separar a Dios de las finanzas. Para comenzar, Él es el dueño del oro y la plata (ver Hageo 2:8), y además, como hemos venido aprendiendo, donde existe una relación sana y constante con Él, siempre hay buenos resultados en la parte financiera; por supuesto, sin ser el resultado lo más importante de la ecuación.

> *Riquezas, honra y vida son la remuneración de la humildad y del temor de Jehová.* (Proverbios 22:4)

Cuando revisamos la historia de la humanidad, descubrimos que todas las naciones que registran por lo menos un avivamiento financiero son naciones desarrolladas. Y de igual manera, aquellas naciones que no registran un avivamiento en su historia son conocidas como naciones del tercer mundo o subdesarrolladas. Acepto que el dato anterior puede debatirse con el argumento de que esto sea pura coincidencia. Sin embargo, lo que no puede debatirse son todos los ejemplos bíblicos de personas que buscaron a Dios con todo su corazón, y como resultado vivieron también un impacto positivo en la parte financiera. Gente como Uzías, Daniel, Abraham, Isaac, Jacob, David, Salomón, José, Josué, Joel, Ezequías o Hageo, que tuvieron comienzos muy humildes, pero fueron ayudados por el mismo Creador a prosperar y hacer riquezas.

Por otro lado, cada vez que el pueblo de Israel abandonó a Dios, sus finanzas se vieron afectadas negativamente. Los ejemplos abundan: el tiempo de Hageo, el tiempo de Elías, el tiempo de Joel, el tiempo de Saúl, el tiempo de los jueces, el tiempo de Acab, etc.

LA BIBLIA ES MUY CLARA AL DECIRNOS QUE LA SABIDURÍA QUE OBTENEMOS ESTÁ DETERMINADA POR LA RELACIÓN QUE MANTENGAMOS CON DIOS.

Pero no podemos dejar de señalar el tiempo del rey Roboam, hijo del rey Salomón. No ha habido alguien en este mundo que haya heredado más oro y plata que este joven. Recibió un reino con un superávit sumamente grande. Y aunque sus comienzos fueron de crecimiento, sin embargo, cometió el grave error de rebelarse contra Dios y abandonar Sus mandamientos (ver 2 Crónicas 12:1-2); y como consecuencia, terminó perdiendo el cien por ciento de toda la herencia que había recibido ¡en tan solamente cinco años! La Biblia dice que fue atacado por Sisac, cuyo nombre significa "codicia", rey de Egipto, y este llegó a saquear todo el oro de Jerusalén (ver 1 Reyes 14:25-27).

LA GRAN PREGUNTA

En el capítulo anterior decíamos que este mundo fue creado por Dios, y todo fue hecho intencional e inteligentemente para que funcionara con Dios como el centro de todo. Pero debemos hacernos la pregunta: ¿qué hace realmente nuestra relación con Dios de modo que impacta de forma tan directa el área financiera? Para responder a esto, recurriré a dos pasajes de la Biblia, ambos escritos por el rey Salomón.

El primero:

> *El temor de Jehová es el principio de la sabiduría, y el conocimiento del Santísimo es la inteligencia.*
>
> (Proverbios 9:10)

Más allá de un tema meramente dogmático, la Biblia es muy clara al decirnos que la sabiduría que obtenemos está determinada por la relación que mantengamos con Dios. En el pasaje de Proverbios, Salomón dice que la sabiduría comienza con el temor de Dios. Y la inteligencia aumenta cuando lo conocemos.

El segundo:

> *Porque al hombre que le agrada, Dios le da sabiduría, ciencia y gozo; más al pecador da el trabajo de recoger y amontonar, para darlo al que agrada a Dios. También esto es vanidad y aflicción de espíritu.* (Eclesiastés 2:26)

LA CALIDAD DE RELACIÓN QUE TENGAMOS CON DIOS SIEMPRE TERMINARÁ AFECTANDO NUESTRA VIDA FINANCIERA POR CAUSA DE LA SABIDURÍA QUE ÉL NOS DA.

Este pasaje de Eclesiastés lleva las cosas a un nivel aún mayor, porque nos dice que cuando nuestra prioridad es agradar a Dios, Él nos da sabiduría. El resultado de esa sabiduría es una inevitable transferencia de bienes a las manos del sabio que agradó al Señor. Al punto que queremos llegar es que la calidad de relación que tengamos con Dios siempre terminará afectando nuestra vida financiera por causa de la sabiduría que Él nos da.

SABIDURÍA EN ACCIÓN

Esto nos lleva al siguiente punto, que es el efecto que tiene la sabiduría en nuestra vida para ayudarnos a hacer riquezas. El capítulo anterior concluimos hablando de la sabiduría, y de cómo esta nos ayuda en el crecimiento integral;

y también que está íntimamente conectada al avance en la parte financiera. El ejemplo que más sobresale en esto es el del rey Salomón, quien subió al Monte Gabaón para ofrecer holocaustos al Creador, y en ese encuentro aprovechó para pedirle a Dios sabiduría (ver 2 Crónicas 1:6-12). Lo que sigue es sumamente sorprendente. Una vez que Salomón recibe sabiduría en aquella visitación divina, esta lo guía a tomar pasos para volverse financieramente próspero.

> *Y desde el lugar alto que estaba en Gabaón, delante del tabernáculo de reunión, volvió Salomón a Jerusalén, y reinó sobre Israel. Y juntó Salomón carros y gente de a caballo; y tuvo mil cuatrocientos carros y doce mil jinetes, los cuales puso en las ciudades de los carros y con el rey en Jerusalén. Y acumuló el rey plata y oro en Jerusalén como piedras, y cedro como cabrahígos de la Sefela en abundancia. Y los mercaderes del rey compraban por contrato caballos y lienzos finos de Egipto para Salomón. Y subían y compraban en Egipto un carro por seiscientas piezas de plata, y un caballo por ciento cincuenta; y así compraban por medio de ellos para todos los reyes de los heteos, y para los reyes de Siria.*
>
> (2 Crónicas 1:13-17)

Cuando Salomón bajó del Monte Gabaón, todavía tenía las manos vacías. Dios le dio sabiduría, pero ahora él debía usar esa herramienta para que se cumpliera la promesa que

Dios le había hecho. Y lo primero que hace Salomón es activarse en la parte comercial y establecer negocios que produjeran ingresos residuales. A partir de ese momento, la historia del hijo del rey David se transforma para siempre y nos deja una profunda enseñanza: que la sabiduría nos activa para emprender negocios y hacerlos con la inteligencia necesaria para que produzcan buenos retornos.

LA SABIDURÍA NOS ACTIVA PARA EMPRENDER NEGOCIOS Y HACERLOS CON LA INTELIGENCIA NECESARIA PARA QUE PRODUZCAN BUENOS RETORNOS.

EN EL PRINCIPIO

Antes de continuar con Salomón, echémosle un vistazo a lo que pasó con nuestros primeros padres, Adán y Eva, mientras estaban en el jardín del Edén.

> *Y Jehová Dios plantó un huerto en Edén, al oriente; y puso allí al hombre que había formado. Y Jehová Dios hizo nacer de la tierra todo árbol delicioso a la vista, y bueno para comer; también el árbol de vida en medio del huerto, y el árbol de la ciencia del bien y del mal. Y salía de Edén un río para regar el huerto, y de allí se repartía en cuatro brazos. El nombre del uno era Pisón; este es el que rodea toda la tierra de Havila, donde hay*

oro; y el oro de aquella tierra es bueno; hay allí también bedelio y ónice. El nombre del segundo río es Gihón; este es el que rodea toda la tierra de Cus. Y el nombre del tercer río es Hidekel; este es el que va al oriente de Asiria. Y el cuarto río es el Éufrates. (Génesis 2:8-14)

El pasaje de Génesis nos muestra claramente que la abundancia que gozaron Adán y su familia no llegaba a ellos de forma milagrosa. También es fácil apreciar que convertir el jardín que recibieron en un paraíso no fue obra de la casualidad. Si bien es cierto, Dios los colocó en un ambiente de abundancia, pero ellos recibieron la responsabilidad de mantener y hacer producir aquel jardín (Génesis 2:15). Tomemos en cuenta que no había ferreterías, ni supermercados en esos tiempos. Adán tampoco contaba con ingenieros, ni granjeros que lo ayudaran a generar ganancias. Pero la inteligencia divina fue estupenda, el Edén fue estratégicamente ubicado en donde salía un manantial. Esta fuente de agua, a su vez, "se repartía en cuatro brazos". Estos brazos de agua rodeaban aquel jardín, para garantizar que su producción fuera creciente y constante. Los nombres y sus significados son estos:

1. *Pisón,* del hebreo *Piyshown:*[5] incremento, aumento.
2. *Gihón,* del hebreo *Giychown:*[6] irrumpir, estallar, reventar, abrirse paso. Aparecer violenta y repentinamente en un lugar.

---

5. J. Strong, *Enhanced Strong's Lexicon,* Woodside Bible Fellowship, 1995.
6. *Ibid.*

3. *Hidekel*, del hebreo *Chiddeqel:*[7] rápido, acelerado.
4. ***Éufrates***, del hebreo *Parath:*[8] lleno de frutos.

LOS CUATRO BRAZOS

Dios lo hizo todo de manera perfecta, no dejando nada al azar. El Creador ubicó el Edén rodeado de cuatro ríos, y así estaba garantizando cuatro ingresos del precioso líquido (agua), de manera que Adán no tuviera que preocuparse de absolutamente nada para generar abundancia y mantener a su familia. Y si observamos el significado del nombre de los cuatro ríos notaremos que todo conecta e interactúa de forma perfecta. El primero, Pisón, es incremento; el segundo, Gihón, es estallido; luego el tercero, Hidekel, es el aceleramiento; y cuando llegamos al cuarto, Éufrates, ya está lleno de frutos. Entonces resumimos que el primero causa un incremento, con el segundo un estallido, ya en el tercero está el aceleramiento, para luego llegar a estar lleno de frutos con el número cuatro. ¡Dios es perfecto!

Pero esto no es solamente una linda historia del cuidado de Dios sobre la vida de Sus hijos. Esto también es una enseñanza de cómo cada familia debería procurar generar "cuatro ingresos" para su sustento, y así garantizar el éxito en la parte financiera.

Debemos señalar un dato que me parece curioso. En el día "cuatro" fue cuando Dios hizo las lumbreras para que

---

7. *Ibid.*
8. *Ibid.*

fueran las que regularan las estaciones; que, por cierto, también son "cuatro": el invierno, la primavera, el verano y el otoño. Lo que esto nos está diciendo es que así como hay estaciones para la vida y debemos estar preparados para ellas, así debemos prepararnos con, por lo menos, cuatro ingresos que aseguren la estabilidad y progreso de nuestra familia; independientemente de la temporada que atraviese.

Esto tiene suficiente fundamento bíblico, porque todos los grandes de la Biblia así lo hicieron:

Abraham tenía cuatro distintos tipos de negocios:

- ovejas
- vacas
- asnos
- camellos

E hizo bien a Abram por causa de ella; y él tuvo ovejas, vacas, asnos, siervos, criadas, asnas y camellos.

(Génesis 12:16)

Isaac, hijo de Abraham, también tuvo cuatro empresas:

- tierra / labranza
- ovejas
- vacas
- pozos

> *Y sembró Isaac en aquella tierra, y cosechó aquel año ciento por uno; y le bendijo Jehová. El varón se enriqueció, y fue prosperado, y se engrandeció hasta hacerse muy poderoso. Y tuvo hato de ovejas, y hato de vacas, y mucha labranza; y los filisteos le tuvieron envidia. Y todos los pozos que habían abierto los criados de Abraham su padre en sus días, los filisteos los habían cegado y llenado de tierra. Entonces dijo Abimelec a Isaac: Apártate de nosotros, porque mucho más poderoso que nosotros te has hecho. E Isaac se fue de allí, y acampó en el valle de Gerar, y habitó allí. Y volvió a abrir Isaac los pozos de agua que habían abierto en los días de Abraham su padre, y que los filisteos habían cegado después de la muerte de Abraham; y los llamó por los nombres que su padre los había llamado.*
>
> (Génesis 26:12-18)

Jacob, hijo de Isaac y nieto de Abraham, también tuvo cuatro empresas:

- ovejas
- siervos
- camellos
- asnos

Y se enriqueció el varón muchísimo, y tuvo muchas ovejas, y siervas y siervos, y camellos y asnos.

(Génesis 30:43)

El patriarca Job también tuvo cuatro empresas:

- ovejas
- camellos
- bueyes
- asnas

Su hacienda era siete mil ovejas, tres mil camellos, quinientas yuntas de bueyes, quinientas asnas, y muchísimos criados; y era aquel varón más grande que todos los orientales. (Job 1:3)

Sabemos que Job pasó una prueba muy difícil; sin embargo, una vez que fue restaurado, lo primero que hizo fue volver a levantar las cuatro empresas:

Y bendijo Jehová el postrer estado de Job más que el primero; porque tuvo catorce mil ovejas, seis mil camellos, mil yuntas de bueyes y mil asnas. (Job 42:12)

SALOMÓN

Y, por supuesto, no podía quedarse atrás quien inició este capítulo, Salomón. Él fue muy conocido por el impresionante éxito financiero que vivió, y también tuvo cuatro empresas:

- carros
- caballos
- lienzos
- materiales preciosos

Quiero recordarte el pasaje que vimos algunas páginas atrás:

> *Y desde el lugar alto que estaba en Gabaón, delante del tabernáculo de reunión, volvió Salomón a Jerusalén, y reinó sobre Israel. Y juntó Salomón carros y gente de a caballo; y tuvo mil cuatrocientos carros y doce mil jinetes, los cuales puso en las ciudades de los carros y con el rey en Jerusalén. Y acumuló el rey plata y oro en Jerusalén como piedras, y cedro como cabrahígos de la Sefela en abundancia. Y los mercaderes del rey compraban por contrato caballos y lienzos finos de Egipto para Salomón. Y subían y compraban en Egipto un carro por seiscientas piezas de plata, y un caballo por ciento cincuenta; y así compraban por medio de ellos para todos los reyes de los heteos, y para los reyes de Siria.*
>
> (2 Crónicas 1:13-17)

Lo sobresaliente del rey Salomón es que levantó sus empresas inmediatamente cuando descendió del Monte Gabaón, donde tuvo aquel encuentro con Dios y recibió sabiduría. Lo que esto nos dice es que cuando Dios le da sabiduría a alguien, lo primero que debería hacer es levantar empresas que sean fuentes de ingreso para sustentar la familia. Esa fue una marca poderosa para el hijo del rey David, porque cuando pasó el tiempo, aunque cambió la línea de negocios que hacía, siempre continuó trabajando con cuatro empresas.

> *Toda la vajilla del rey Salomón era de oro, y toda la vajilla de la casa del bosque del Líbano, de oro puro. En los días de Salomón la plata no era apreciada. Porque la flota del rey iba a Tarsis con los siervos de Hiram, y cada tres años solían venir las naves de Tarsis, y traían oro, plata, marfil, monos y pavos reales. Y excedió el rey Salomón a todos los reyes de la tierra en riqueza y en sabiduría.* (2 Crónicas 9:20-22)

Los negocios de David:

- materiales preciosos
- marfil
- monos
- pavos reales

CARGADO POR CUATRO

Me gustaría cerrar este capítulo, y el libro en sí, haciendo referencia a la muy conocida historia de aquel paralítico que fue sanado durante un encuentro con Jesús. El relato se encuentra en el capítulo 2 de Marcos, y nos dice que aquel día no había forma de entrar en aquella casa porque la gente estaba amontonada en las puertas y las ventanas tratando de ver y oír a Jesús. A ese lugar llegaron cuatro personas cargando a aquel paralítico, pero como no podían entrar por los accesos convencionales, decidieron subir al enfermo al techo y abrir un hueco lo suficientemente grande para bajar a su amigo con su camilla, para después ponerlo frente al Señor Jesucristo y que fuera sanado.

La Biblia nos cuenta que aquel personaje recibió el milagro instantáneamente. Este muchacho pudo volver a ponerse de pie y caminar gracias a que tenía "cuatro buenos amigos" que lo llevaron, en lo que en sentido figurado sería su tierra prometida. No había forma de que él pudiera haber llegado solo hasta donde el milagro iba a ocurrir. Y mucho menos haber subido solo hasta el techo. Todo esto se logró porque no llegó solo. Llegó con cuatro que lo ayudaron a alcanzar el milagro de "estar de pie y avanzar".

Pienso que aquel paralítico ya había orado pidiendo la sanidad, incluso debió haber suspirado muchas veces al ver a otros correr y saltar. Pero no fue hasta que aparecieron los cuatro buenos amigos que su vida cambió para siempre.

Podemos decir con franqueza que la única razón por la que este muchacho ocupa la privilegiada posición de tener su historia registrada en la Biblia es gracias a sus "cuatro amigos". Y la aplicación de este relato es que al igual que aquel muchacho, también nosotros necesitamos de cuatro amigos que nos ayuden a llegar a nuestra tierra prometida. Al lugar donde Dios pueda hacer "mil veces más" con nosotros. Estos cuatro amigos representan las "cuatro empresas" para traer prosperidad a nuestra familia.

Si Dios te ha dado un sueño, seguramente también te ha dado las facultades para hacerlo realidad. Donde sea que te encuentres, allí ya Dios ha puesto las oportunidades de encontrarte con esos "cuatro" que te ayudarán a lograr tus metas.

Si has llegado a leer hasta aquí, es porque tu hambre por el progreso es genuina. Por tanto, es hora de pedirle al Espíritu Santo su ayuda para poner en práctica "el poder para hacer riquezas" y activar esos "cuatro" buenos ingresos que te ayuden a subir hasta llegar a tu tierra prometida. Esos "cuatro" que te coloquen en posición para que Dios haga "mil veces más" contigo y ser de bendición.